入門
# 『地頭力を鍛える』
## 32のキーワードで学ぶ思考法

細谷 功

東洋経済新報社

# はじめに

　AI（人工知能）が飛躍的な発展を遂げ、私たちの生活に大きな影響を与えつつあります。ビジネスの現場では、ビッグデータやIoT（Internet of Things）といったデジタル技術とともにAIを活用することで大きなチャンスが広がっています。同時に、いま人間が行っている定型業務を中心とする仕事の多くの部分がAIに取って代わられるだろうという予測もあります。

　このように人間の知的能力に対する大きな問題提起がされている時代に重要なのが、既成概念にとらわれずに自ら能動的に問題を発見し、やるべき解決策を考えて、それを行動に移していく力です。その一方で、これまで日本の学校や会社で重視されてきたのは、それとはまったく逆の次のような能力でした。

・定められた知識を受動的に記憶する
・決められた時間やルールを守る
・個性よりもチームワーク重視で、皆同じことを一斉に足並み揃えて行う
・与えられた命令をミスなく着実に実行する

　このような能力は、例えば、20世紀に日本が奇跡的とも言える成長を遂げた要因でもある、自動車や電機製品といったハードウェアを完璧な品質で仕上げる場面では見事に強みとなりました。一方で、既成概念にとらわれない、創造的かつ能動的な発想をする上では、これまたものの見事に負の遺産となっ

てのしかかってきます。

　それを象徴的に表すのが、バブル期を境に日本が「世界の優等生」から先進国でも有数の経済停滞国に落ち込んだことです。

　学校や企業における「従来の優等生」が持っている資質、能力は、実はAIが最も得意とする領域でもあり、ここはAIに任せればいいでしょう。人間はその上流、つまりそもそも解決すべき問題や目的を見つけることにシフトしていくべきなのです。

　本書はそのような能力を身に付けるための入口となる本です。
　思考力とはすなわち「自分の頭で考える」ことであり、本来そのためのテキストはあってないようなものです（そもそも「テキストを読んでいる」時点で自分の頭で考えることにはなっていません）。そうは言っても自ら考えるにも最低限の知識を押さえておくことは必要です。

　本書はそのような初学者のために、まずは思考（法）に関する基本的なキーワードを学んだ上で本格的な思考力を身に付ける学習に入っていくための入口を提供します。

　読者の皆さんに本書で習得していただきたいのは、「思考」に関する32のキーワードの【WHAT】【WHY】【HOW】です。

・【WHAT】そのキーワードの基本的な定義と意味
・【WHY】そのキーワードが重要な理由
・【HOW】そのキーワードの具体的な活用方法

　キーワードそれぞれについて、この順に解説していきます。
　さらに各キーワードの最後に理解度の確認として【理解度確認問題】と【応用問題】をクイズ的に用意しました。本文を読

めば必ずわかる問題になっていますので、もしすぐにわからなければ、本文をもう一度読み直してみてください。

「人間の知的能力に対する問題提起」という課題は、私自身がもう10年以上も著作や研修活動で取り組んできたことです。
『地頭力を鍛える──問題解決に活かす「フェルミ推定」』をはじめとするさまざまな著作においてそれを表現し、人間の知的能力がどうあるべきかという問いに対する私の考え方を提示してきました。
本書は、それらの本を読む前に、あるいはそれらの本と同時に読んでいただきたい、いわば思考（法）を学ぶための入門の入門書です。これまでの私の著作でも多くを語ってきた、さまざまなキーワードの一つひとつについて、簡潔にまとめて解説しています。

本来、「考える」ことと「知識を獲得する」ことでは、頭の使い方が異なります。本書は「考える」に至るまでの基本的な知識を身に付けるための本です（その意味で「読者に考えさせること」を目的としてきたこれまでの著作とは（内容的には抜粋ではあるものの）目的が異なっています）。
思考への入口を提供する本書によって、まずは基本的な知識を習得した上で、その後の「自ら能動的に考える」ためのトレーニングに進む気になってもらえれば、本書の目的は達せられたことになるでしょう。

2019年6月

細谷　功

入門『地頭力を鍛える』32のキーワードで学ぶ思考法──目次

はじめに 1

# Chapter 1
# 基本の思考法を押さえる
思考の基本動作を身に付ければさまざまに応用できる

| キーワード01 | **戦略的思考** ………………………… 12
いかに並ばずに人気のラーメンを食べるか?

| キーワード02 | **ロジカルシンキング** ………………………… 18
誰が見ても話がつながっているか?

| キーワード03 | **仮説思考** ………………………… 24
プロジェクトは「最終報告」から考える

| キーワード04 | **フレームワーク** ………………………… 32
良くも悪くも「型にはめる」

| キーワード05 | **具体と抽象** ………………………… 38
思考とは「具体→抽象→具体」の往復運動

| キーワード06 | **「なぜ?」** ………………………… 44
なぜ「Why?」だけが特別なのか?

| キーワード07 | **アナロジー思考** ………………………… 50
アイデアは遠くから借りてくる

# Chapter 2
# 二項対立で考える
「視点」と「思考の軸」を意識して使い分ける

| キーワード08 | **二項対立** ………………………… 60
二者択一はデジタル的、二項対立はアナログ的

| キーワード09 | **因果と相関** | 66 |

雨が降れば傘が売れるが、傘が売れても雨が降るわけではない

| キーワード10 | **演繹と帰納** | 72 |

「そう決まっているから」なのか？「多くがそうだから」なのか？

| キーワード11 | **発散と収束** | 78 |

「落としどころありき」の思考停止に陥ってはいけない

| キーワード12 | **論理と直観** | 84 |

「論理」で守り、「直観」で攻める

| キーワード13 | **論理と感情** | 90 |

できるビジネスパーソンは「使い分け」がうまい

| キーワード14 | **川上と川下** | 98 |

「自ら考える力」は使いどころを見極める

Chapter 3

# コンサルタントのツール箱

コンサルっぽい見せかけだけでなく、「魂を入れる」ことができるか

| キーワード15 | **ファクトベース** | 108 |

「みんな言ってる」って、どこの誰がいつ言ったのか？

| キーワード16 | **MECE** | 114 |

「マッキンゼー流」の十八番

| キーワード17 | **ロジックツリー** | 120 |

「形から入る」ことで論理が身に付く

| キーワード18 | **2×2マトリックス** | 126 |

コンサルタントが好きな4象限マッピング

| キーワード19 | **フェルミ推定** | 132 |

なぜコンサル、外資系金融の面接試験の定番なのか？

## Chapter 4

# AI（人工知能）vs. 地頭力

AIではなく、人間ならではの知的能力の使いどころがある

| キーワード20 | **地頭力** ……………………………………………………… 142 |
|---|---|
| | 結論から、全体から、単純に考える |

| キーワード21 | **問題発見と問題解決** ……………………………………… 150 |
|---|---|
| | なぜ優等生は問題発見ができないのか? |

| キーワード22 | **AI（人工知能）** ………………………………………… 156 |
|---|---|
| | 何ができて、何ができないのか? |

| キーワード23 | **ビジネスモデル** …………………………………………… 162 |
|---|---|
| | 「何を売っているか」ではなく「収益の上げ方」のパターン |

| キーワード24 | **多様性** ……………………………………………………… 168 |
|---|---|
| | 思考回路の転換と「ニワトリと卵」の関係 |

| キーワード25 | **未来予測** ………………………………………………… 174 |
|---|---|
| | アマゾンは書店の代替ではない、と気づいたか? |

## Chapter 5

# 「無知の知」からすべては始まる

「いかに自分は知らないか」を自覚することから思考回路は起動する

| キーワード26 | **無知の知** ………………………………………………… 184 |
|---|---|
| | 自分を賢いと思ったらゲームオーバー |

| キーワード27 | **知的好奇心** ……………………………………………… 190 |
|---|---|
| | 地頭力のベースであり、考えることの原動力となる |

| キーワード28 | **能動性** ……………………………………………………… 194 |
|---|---|
| | 「育てる」ではなく「育つ」 |

| キーワード29 | **常識の打破** ……………………………………………… 200 |
|---|---|
| | 「常識に従う」ことで思考停止に陥ってはいけない |

| キーワード30 | **「疑う」こと** ………………………… 206
「信じてはいけない」(この本に書いてあることも)
| キーワード31 | **認知バイアス** ………………………… 212
人間の目は曇っている
| キーワード32 | **メタ認知** …………………………… 218
気づくためには上から自分を見る

おわりに　225

本書のベースとなった書籍　227

# Chapter 1

## 基本の思考法を押さえる

## 思考の基本動作を身に付ければ
## さまざまに応用できる

　まずは基本の思考法を押さえるところから始めましょう。第1章で紹介するのは、○○思考と言われるものの中でも基本動作に相当するもので、従ってどこでも使える汎用性の高いものばかりです。

　最初の「戦略的思考」とは、日常的にもよく言われる「戦略的に考える」という言葉をシンプルに表現しています。戦略的思考というだけで簡単に一冊の本になってしまうほどのものではありますが、その基本的な考え方がわかれば、どんな場面でも「戦略的に」考えることが可能になります。

　次に、ビジネスをする上で、あるいは日常生活のあらゆる場面での基本中の基本とも言える「ロジカルシンキング」です。一言で表現すればこれは私たちがコミュニケーションをとるための共通語と言ってもよいでしょう。

　特にロジカルシンキングは、世界中で例外なく通用するという点で同じく共通言語としての英語よりもはるかに汎用性が高い強力なツールです。

　英語は世界共通語とは言っても所詮は限られた国や（国によっては）一部のエリート層のみで使われているものです。一方、ロジカルシンキング、つまり「論理的に考える」ことは、意識的であれ、無意識であれ、文字どおり世界共通のルールと

言えます。のみならず、陳腐化することもないという時間軸における汎用性もあるので、その重要性はいくら強調しても強調しすぎることはないでしょう。

このようなロジカルシンキングを「守り」とすれば、その後に登場する「〇〇思考」は「攻め」に相当します。「〇〇思考」は、汎用性に関してはロジカルシンキングには劣るものの、特定分野の専門知識を習得することと比べれば、はるかに多くの場面で用いることができる極めて汎用的なものであると言えます。

「仮説思考」や「フレームワーク」、さらには「具体と抽象」、さらには「なぜ？」と考える「Why型思考」は、思考の中の基本動作とも言えるものです。これらを応用することで、さまざまな考え方を実践することが可能になります。

続く「アナロジー思考」は新規事業などの創造的に考えることが求められる場面で威力を発揮する発想法です。先の「具体と抽象」を基本動作としながら当該分野とは一見異なる「遠くから借りてくる」ことで新しいアイデアを生み出すのがアナロジー（類推）です。

以上、本章を読むことで基本の思考法の大まかな全体像をつかむことが可能になるでしょう。

キーワード
# 01 戦略的思考

# いかに並ばずに
# 人気のラーメンを食べるか？

**WHAT** 戦略と戦術はどう違うのか

「考える」とか「思考」とよくセットで使われる言葉に「戦略的」という言葉があります。

人によって定義も異なり、明確な定義があるわけではありません。ただし誰にとってもこの言葉の示しているおおよそのイメージは、共通のものがあるのではないでしょうか？

例えば「あの会社は戦略的である」とはどういうことでしょう？

・短期的な視点でなく長期的な視点
・部分的な視点でなく全体的な視点
・一つひとつの個別の視点でなく一貫性のある視点

こういう視点を持って、事業の将来を考えることを「戦略的

| 図表1-1 | 戦略 vs. 戦術

| 戦略 | 戦術 |
| --- | --- |
| 長期 | 短期 |
| 全体 | 部分 |
| 大きな方向性 | 個別の施策 |
| 大目標 | 小目標 |
| 抽象的 | 具体的 |
| 作戦の川上 | 作戦の川下 |
| どこで戦うか？ | どうやって戦うか？ |
| リソースの配分 | リソースは所与 |
| いかに戦わないか？ | いかに勝つか？ |

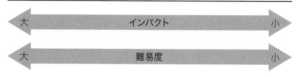

大 ← インパクト → 小

大 ← 難易度 → 小

である」ということに関しては、ほとんど反論はないでしょう。

戦略と対になる言葉としてよく比較されるのが戦術という言葉です。これらを対比で考えてみると戦略的であることの特徴が見えてきますので、比較して見てみましょう（図表1-1）。

前述の短期↔長期、部分↔全体という視点の他にもさまざまな視点が考えられます。

戦術は（例えば3つのうちの1つの戦いといった形で）個別の小目標を達成するのに対して、戦略はそれらを統合した「組織全体の勝利」といった大目標の達成を目的にしています。

したがって「一部を落としても全体を拾う」というのが戦略的な発想です。「三番勝負」や「五番勝負」といったもので「あえて一部は捨てる」というのが戦略的な発想です。

**WHY**　「そもそも戦う必要があるのか？」

　では、なぜ戦術的な思考と戦略的な思考を使い分ける必要があるのでしょうか。

　その背景には、一定のリソース（人やお金）は所与のものとして、その中でベストを尽くすのが戦術的であるのに対して、そもそもリソースをどのように割り当てるかを考えるのが戦略的であるという違いもあります。

　「そもそも」という言葉が出てきましたが、まさにこれが戦略的思考の象徴的な言葉です。要するに「前提条件から疑ってかかる」ことで、これは計画における川上側に重きを置くことを意味しています。

　対してある程度の条件が決まった状況の川下側で重要なのが戦術的な考え方です。

　そもそもの最たるものが、「そもそも戦う必要があるのか？」という問いです。

　戦術は「戦いはありき」であとはいかにうまく戦うかのための作戦ですが、戦略的思考とは、まずはいかに自分の得意な土俵に持ち込むかということです。

　その最たるものが相手が戦意を喪失する、または相手がそもそも何らかの事情で戦うことができない領域に勝負を持ち込むのが戦略的思考ということになります。

### HOW 「並ばない方法」を考えるのが戦略的思考

これらを踏まえて冒頭の問題に戻ります。

「行列のできるラーメン屋」のラーメンをどうしても食べたいとしたらどうすればよいでしょうか？

・とにかく愚直に並ぶが、せめてその間快適に過ごせるようにスマホでゲームをやったり音楽を聴いたりする

これは、最も戦略的思考からは遠いやり方です（これはこれでよいとは思いますが）。

他にどんなやり方が考えられるかを、先に挙げたさまざまな視点で考えてみましょう。

・早朝や深夜を狙う（時間軸を広げる）
・真冬や真夏など、屋外であれば並ぶのがためらわれる時期を狙う（長期的に考える）
・他の地域に支店等がないか調べて、出張のときに空いている別の店舗を狙う（見えている部分だけでなく広域で考える）

と、ここまでは比較的「まっとうな」考え方ですが、さらに言えば戦略的とは「いかに並ばないか」を考えることです。

例えば店の関係者と個人的な知り合いになって休憩時間の「まかない飯」に入れないか、「取材」という形で特別枠に入れないかという若干「ずるい」方法の可能性もあるでしょう（ある意味「まじめな人」（＝優秀な戦術家）に「ずるい」と言わせたら戦略的には大成功です）。

また、イノベーターと言われる人はこのような日常の課題を解決するために、自らビジネスを起こしてしまうことさえ考えます。

　例えば、スマホアプリを使って「近くにいる、時間があって小遣いを稼ぎたい人」をマッチングして、その人にいくらか払って並んでもらう。

　そんな仕組みを作ってしまえば、ラーメン屋に限らず、すべての行列という社会問題をわずかなお金で解決することができるかもしれません。

　さらに戦略的かつ経営者視点で言えば、「お店ごと買収する」「新しいお店を作って料理人を雇う」「ラーメン学校を作って料理人の育成から始める」といったものまで、オプションとしてはありえます。

　さらに「そもそも、なぜ、このお店のラーメンを食べたいのか？」という上位目的を達成するという視点から、(グルメブログのネタがほしいなら)「別の穴場レストランに行く」といったところまで考えて「いかにお店に行かない方法で上位目的を達成するか？」を考えるというオプションまで発想することも可能です。

　戦略的思考とは「そもそも」で考えて
・「コンペに勝つ」ではなく、「そもそもコンペにしない」
・「社内の出世競争に勝つ」のではなく、「そもそも良いポジションにつける会社を選ぶ」ということです。

　これらすべて、長期戦で難易度も上がりますが、効果も桁違いに大きいのです。

【理解度確認問題】

次のどちらが戦略的でどちらが戦術的な考え方でしょうか？

1. 長期的と短期的
2. 「いかに勝つか？」と「いかに戦わないか？」
3. 「すべて勝ちに行く」と「全体の目的を達成する」
4. 具体的と抽象的

【応用問題】

以下の問題を①戦術的に「いかにうまく戦うか？」②戦略的に「いかに戦わないか？」考えたら、各々どんな解決策が出てくるか、考えてみましょう。

1. 「通勤の大変さ」を解消するには？
   （「いかに快適に通勤するか？」が戦術的、「いかに（同じやり方で）通勤しないか？」を考えるのが戦略的）
2. 「自社の製品やサービスのシェア」をどう上げるか？
   （そもそも「シェア」という発想が戦術レベルの発想なので、どうやってそこから抜け出すか？）
3. いかにして、自分の就きたい仕事に就くか？
4. 気が合わない人との人間関係をどうするか？

# キーワード 02 ロジカルシンキング

## 誰が見ても
## 話がつながっているか？

**WHAT**　多数の人を説得するための筋道

ロジカルシンキング（論理的思考）とは、筋道が通っている考え方ということです。

ビジネスでは、さまざまな場面で論理的な結論を出すことが求められます。ビジネスの場面においては「多数の人を説得する」必要があることが多く、そのためには筋道の立った説明が不可欠だからです。

ここで、どのような場面で論理がより重要であるかを考えてみましょう。

図表2-1を見てください。

前述のとおり、個人でなく集団や組織において論理はより重要になります。それは論理が多様な人たちの間の「共通言語」だからです。グローバルなビジネス環境下、英語が共通言語であることが強調されますが、それは所詮一部の人たちにしか通じないものですが、論理は例外なく世界中の人たち全員に通じ

| 図表2-1 | 論理が重要な状況 vs. 論理が重要でない状況

論理が重要な状況
- 大人数
- 多様性が高い
- ローコンテクスト
- 集団による意思決定

論理が重要でない状況
- 少人数
- 多様性が低い（画一的）
- ハイコンテクスト
- 個人による意思決定

| 図表2-2 | 論理的である vs. 論理的でない

論理的である
- 話の根拠がある
- 一貫性がある
- 客観的な見解
- 事実に基づいている
- 感情に左右されない
- 最終的な結論が明確

論理的でない
- 話の根拠がない
- 単なる思いつき
- 単なる一個人の見解
- 想像に基づいている
- 感情に左右される
- 結局何を言いたいのかわからない

なければならないルールです。

このことが物語るように、多様性が高く、ローコンテクストで（共有されている経験が少なく「あ・うんの呼吸」が通じない）、かつ意思決定を集団による合意で行う必要がある環境下では、論理は必須のものと言えます。

では、「論理的である」ためには、どのような姿勢が求められるのでしょう。

「論理的でない」との比較で示してみることにしましょう（図表2-2）。

「話の根拠がある」「一貫性がある」「客観的な見解である」「事実に基づいている」「感情に左右されない」「最終的な結論が明確である」。

このような姿勢で物事を考えることが、ロジカルシンキングの基本です。

### WHY 「論理的でない」のが許容されるのは例外的

極論を言えば、無人島で一人で生活を営むのであれば論理的に考えることは、さほど重要ではないでしょう。そこでは他人を説得したり、説得するために説明したりする必要もないからです。

ただし多くの場面で、特に文書やプレゼンテーションで多数の人を説得すべき場面では、論理的であることが重要なことは間違いありません。

「論理的である」とは対照的な方法で導かれる結論が、直観による結論や感情による結論ということになります。

直観と感情による結論が論理的でない理由は、直観も感情も個人に因るところが大きく、客観的にわかりづらいことによります。そればかりか、双方ともに一貫性がなく、「昨日、今日、明日でコロコロ変わる」可能性が大きいからです。

ここがまさに直観や感情と比較した論理の強みであり、弱みでもあります。

誰もが納得する客観性を有する一方、実は心理的要素が大きな割合を占めるビジネスの世界ではあまりにも「無味乾燥」で味気ないところが論理の弱点ということになります。

ただし、実際のビジネスの現場では直観と感情による意思決定も多くなされます（特にワンマン社長やカリスマ担当者と言われる人たちの間でよく見られます）。

これが可能なのは、「論理的である」というのとは別の説得力がある場合です。「あの人が言うなら仕方がない」と誰にも思わせる人の出した結論であれば「誰もが」納得します。「論理的でない」結論が、時に許容されるのはそういう理由です。

ビジネスは科学の世界と違って、森羅万象すべてが従う絶対的な法則があるわけではありません。

もちろん「売り上げを上げるためのセオリー」といったものが存在することは事実です。それとて常に常識を破って「逆張り」することが成功を生むことは、日常的に起こりえます。

例えば「売り場での商品の並べ方」や「ターゲット顧客」など、その商品に関する業界の常識を破る「逆張り」です。

### HOW　正しい前提と正しい推論が必須

そこで、改めてロジカルシンキングに求められる要素を考えてみましょう。図表2-3に示すように、論理的な結論には正しい前提と正しい推論のやり方が必須です。

前提というのは一般的な法則や具体的な事実やデータのこと、いわば材料に相当するものを指します。

これに加えて必要なのが、それらを合理的につなぎ合わせる推論というものです。

これらの具体的な活用の方法については「演繹と帰納」の項目で詳述しますが、いずれにしても論理的な結論のためには正

図表2-3 論理とは前提から結論を導くためのもの

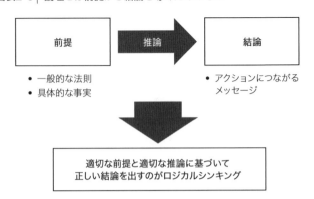

図表2-4 「論理的である」とは？

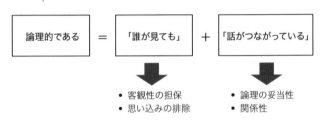

当な前提と推論という「根拠」が必要になるのです。

　ここでその「根拠が妥当である」ことの要素を考えてみましょう。図表2-4を見てください。

　論理的であるというのは、大きく「誰が見ても」「話がつながっている」という2つの要素があると考えられます。

　一つ目の「誰が見ても」とは客観性を担保することで、そのためには個人が持つ思い込みを排除したものでなければならないということです。

もう一つが「話がつながっている」ことで、要は、個々の前提やデータの間に一貫性と関係性が存在しているということです。

　「たかが論理、されど論理」を十分にわきまえた上で、ビジネスの現場で活用していくことが重要になるでしょう。

【理解度確認問題】
　日常生活やビジネスの現場で聞かれそうな以下の文は、論理的と言えるでしょうか？
　それとも言えないでしょうか？
　そして、それはなぜだと思いますか？
（①誰が見ても、②話がつながっているか、の2つの観点で評価して、両方クリアできているかをチェックしてみてください）
1．夕方台風が近づいてきたから夕飯はカレーだ
2．自分はそうやって成功してきたんだから、部下もそうできないのはおかしい
3．社長が決めたルールに従っているんだから正しいんだよ
4．2月の売り上げが5年連続減少しているので、これまでのTV広告からネット広告に切り替えよう

## キーワード 03 仮説思考

# プロジェクトは「最終報告」から考える

**WHAT** 結論から考える

仮説思考とは、限られた時間しかなく、情報がない中でも、目標達成や問題解決に向けた仮の答え（仮説）をまずは決め打ちした上で、先に進んでいく発想法です。

後述する地頭力の基本は、「結論から、全体から、単純に考える」ことです。仮説思考（力）とは、「結論から考える」ことであり、地頭力を構成する基本の要素の一つでもあります。

「ベクトルを逆転する」あるいは「逆算して考える」のが仮説思考です。

「はじめ」からではなく「おわり」から考える。「できること」ではなく「やるべきこと」から考える。「自分」からではなく「相手」から考えることを意味しています。

例えば、ある期間内に調査結果をまとめるプロジェクトのリーダーに任命されたとしたら、「明日からのアクション」で

はなく、まず「最終報告」を考える。最終的に「誰に」「どんなメッセージが伝わればよいか」を最初に考える。

その際に、とにかく完成度を犠牲にしてでも「すぐに」「ある情報だけで」(それがどんなにわずかな情報でも)仮の答えを(精度が著しく低くても)出すというのが仮説思考の発想です。

### WHY　不確実性が高い状況にこそ相応しい

十分な時間や情報がない場面で最も効率的に最終目的地にたどり着くためには、仮説思考の発想が求められます。

仮説思考というのは基本的な考え方であり、仕事の進め方の哲学そのものなのです。

というように、この発想法の定義について語るのは簡単なのですが、実際のビジネスの現場では意外に実践が難しいのがこの仮説思考「的」な考え方です。

逆説的ですが、仮説思考の効用を説明するために仮説思考的な発想が実践できていない状況を具体的に列挙してみましょう。

・上司に〇〇のレポートを作ってと言われた部下から「まずは情報収集させてください」という反応が返ってくる(仮説なき情報収集)
・上司に「仕事の進捗を教えて」と言われた部下が「もう少し待ってください」と、なかなか報告が出てこない(「一発で決めよう」とする思考)
・「まずは見てこよう」というだけで、その後、出張報告以外

図表3-1 | 仮説思考 vs. 非仮説思考

| 仮説思考 | 非仮説思考 |
|---|---|
| ・「結論から」考える<br>・拙速主義<br>・スピード重視<br>・限られた時間と情報で最善の答えを出す | ・最後に結論が出る<br>・完璧主義<br>・正確さ重視<br>・すべての情報を集めて十分な時間を取る |

何の結果にもつながらない視察旅行（その後に何をするのか？というアクションの仮説がない）

これらはいずれも仮説思考が徹底できていないことの例です。

仮説思考と非仮説思考との比較を図表3-1に示します。仮説思考はスピード重視の拙速主義とも言えます。

「すぐに」「ある情報だけで」仮の答えを出すという仮説思考は、簡単なことのようで実践は難しいのです。その理由は、この発想法の根本にある基本的な考え方を十分に理解しないままに表層的に運用しようとするからです。

まず理解しておくべきことは、仮説思考を用いるには相応しい状況があり、それは一言で表現すると「不確実性が高い」状況下であるということです。具体的には新規事業など新しいことをやるときや従来のやり方を変えるときなどです。
これに対して仮説思考がなじみにくいのは従来の延長で話が

| 図表3-2 | 不確実性が高い状況 vs. 不確実性が低い状況

| 不確実性が高い状況 | 不確実性が低い状況 |
| --- | --- |
| ● 正解がない | ● 正解がある |
| ●「確率論」の世界 | ●「決定論」の世界 |
| ● やってみなければわからない | ●「データと論理」で事前検証可 |
| ● 失敗もプロセスの一部 | ● 失敗には必ず原因がある |

進むような定型度の高い、すなわち「不確実性が低い」領域です（図表3-2）。

現在は、「VUCA（Volatility/Uncertainty/Complexity/Ambiguity）の時代」といわれる不確実性が高い状況だからこそ、仮説思考の必要性が高まっているのです。

製品開発では、新しいコンセプトのものを開発する場合に「プロトタイプ」（試作品）を何度も作り直しながら進めていくアプローチを取ることがあります。仮説というのはいわば「思考のプロトタイプ」と言えます。

したがって、良い仮説というのは良いプロトタイプと同様で、完成度が高いというよりは、むしろ低くても全体のイメージがわかることや全体を作り上げることで「何がわからなかったか」がわかるようにすることが重要です。

一度で完成させるのではなく、なるべく早めにラフな全体像を作り上げてしまうことが仮説思考でも求められるのです。

### HOW　実践の第一歩は「完璧主義」を捨てること

　仮説思考を実践する上で大きな障害となるのが、完璧主義です。もちろん「正解がある」世界や文字どおり「100点満点」を狙いにいくような場面（決算データのミスをチェックするとか、プログラムのバグをなくすとか）では、完璧主義は圧倒的な力を発揮します。

　一方、もっと「柔らかい」状態で「白紙に絵を描く」あるいはそこまで極端ではなくても「ラフなスケッチを描いてイメージを共有する」場面においては、完璧主義は障害になります。
　例えば教育や研修でも「正解がある」問題を解くのが得意なのは完璧主義の人なのですが、上述したような「確率論」が支配するような「最後はやってみなければわからない」世界では、完璧主義者の求める「合格点の高さ」が「行動力の欠如」となって「まずはやってみる」という意欲を削いでしまうのです。

◎「木に竹を接ぐ」のは無理がある

　先述のとおり、仮説思考は完璧主義とは根本的な思想が違うとともに、仕事の進め方のプロセスも根本的に違うにもかかわらず、意外にもそれが理解されていないので、「木に竹を接ぐ」状態が現場で起こってしまうのです。

　例えば「デザイン思考」の発想というのは仮説思考的な発想がなじむ「確率論」的な発想法です。早期にプロトタイプを作成して「まずラフに完成像を作って何度も修正する」というプロセスなのです。これを「決定論」的な「最初から完成度を上

| 図表3-3 | 2つの仕事のやり方

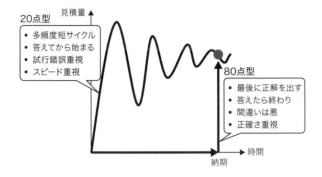

げる」プロセスのままで導入しようというのが「木に竹を接ぐ」状態の例です。

またシステム開発の方法論でいうと、従来主流であった「ウォーターフォール型」ではまず完全に仕様を確定させてから開発に入っていくという仕事の進め方でした。それが「アジャイル開発」というプロトタイプを何度も繰り返しながら精度を上げていくプロセスの方法論が導入されるようになりました。

それでも思考回路が従来型のままなので、「精度の高いもの」を作ろうとするあまり、なかなかプロトタイプができず、また一度できたプロトタイプを微に入り細を穿って精度を上げようとするので先に進まないというのも「木に竹を接いで」いることの例です。

図表3-3は、納期までに何かの計画や見積もりをしなければならないときの進め方のイメージです。逆L字型の太線が「80

図表3-4 「20点型」vs.「80点型」

「20点型」の仮説思考で仕事のやり方も変わる

| 「20点型」 | 「80点型」 |
|---|---|
| ● まずラフに全体像を<br>● 何度も直してよい<br>● 資料はラフに<br>● 「問い」のための答え<br>● 「何がわからないのか？」 | ● 一つずつ着実に進む<br>● 「ファイナルアンサー」<br>● 資料はきれいに<br>● 「答え」のための答え<br>● 「何がわかっているのか？」 |

点型」です。自分なりに考え続けて最後に結論を出して終わりというやり方です。対して「20点型」は、まずは短時間で大まかな答えを出した上で、短いサイクルで何度もやりとりしながら精度を上げていくやり方です。

「20点型」の仮説思考では、仕事のやり方そのものが変わります（図表3-4）。20点を積み重ねることで、結果的に60点にも80点にも、早く到達できる可能性が高まるでしょう。

仮説思考的な発想や仕事の進め方は変化が激しく不確実性が高い近年のビジネス環境でますます求められる発想なのですが、「正解病」と「完璧主義」に染まった従来のオペレーション型の発想のままで導入しようとしても決してうまくはいきません。

ここで述べたような「そもそもの発想の前提条件」を十分に理解し、共有することで仮説思考の運用効果は大きく変わっていきます。

【理解度確認問題】

次の（A）と（B）のうち、どちらが仮説思考的な頭の使い方や行動パターンかを選んでください。

1. （A）資料は早くラフに仕上げる
   （B）資料は時間をかけて完璧にする
2. （A）情報を集めてから次のアクションを考える
   （B）わかる範囲でまずは結論を出してみる
3. （A）定型的な作業に当てはまる
   （B）非定型な作業に当てはまる
4. （A）スタートから順番に積み上げていく
   （B）ゴールから逆算する
5. （A）試作を繰り返しながら徐々に完成させていく
   （B）最後に一気に完成品が出来上がる

## キーワード
## 04 フレームワーク

# 良くも悪くも「型にはめる」

**WHAT** 思考の偏りを矯正してくれる「型」

フレームワークとは、客観的な思考のいわば「型」のようなものとも言えます。自分だけで作り上げた偏った思考、「思考の癖」を矯正してくれるイメージです（図表4-1）。

ファイブフォース、3C、4P、SWOT分析などがフレームワークの代表的なものです。

思考力を強化する上でフレームワークは欠かせません。本書で繰り返し解説しているように、私たちは思い込みや先入観の塊であり、それは知識や経験を積み重ねるほど「凝り固まって」いきます。しかも「そのことに気づかない」ことが最大の問題なので、なかなか対処が難しいところでもあります。

発想が自己流で凝り固まってしまうと、ワンパターンの思考しかできなくなり、過去のやり方を頑なに踏襲して、新しい発

| 図表4-1 | フレームワークで「思考の癖」を矯正する

個人の思考の偏り　　フレームワーク適用のイメージ

想を頭から否定する姿勢になりがちです。これを打破するための有力な手段となるのが「型」、すなわちフレームワークです。

「型」と聞くと、「型どおり」という言葉からネガティブなイメージを持つ人も多いかもしれません。これについては後述しますが、まさに良くも悪くも「型」のようなものであるということが、フレームワークの長所でもあり、短所にもなります。

### WHY　基本の確認やアイデア抽出の助けになる

知識や経験を積み重ねた人が、ワンパターンの思考から抜け出すときにフレームワークを用いると有効であることは、ベテランのスポーツ選手がスランプに陥ったときに、基本に戻ってフォームをチェックすることに似ているかもしれません。

これは前述のとおり、我流で決まりきった発想しかできない人が新たな視点を見つけるのにも役に立ちます。同時に、ある領域における知識や経験がない人でも、ある程度のアイデアまでを型にしたがって抽出することができるというメリットにも

図表4-2 トップダウンの視点で視野が広がる

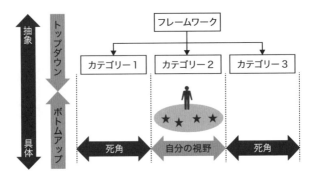

つながります。

　つまりフレームワークは初心者にとってもベテランにとっても、別の形で役立てることができるということです。

　では、なぜフレームワークを用いることで自らの盲点を見つけることができるのでしょうか？
　一言で表現すると、フレームワークを用いることで、異なる抽象度からトップダウンで自らを客観視することができるからです。図表4-2を見てください。
　フレームワークで用いられる構成要素（3Cで言えばCustomerとかCompany）では、個別の事象や項目をカテゴリーという形で抽象化した分類レベルの表現がなされます。
　これによって個別具体だけでボトムアップで考えていたのとは異なる、トップダウンの視点で自らの盲点や思考の死角を見つけることが可能になるのです。

### HOW 使いどころを間違えてはいけない

　私たちは通常何かの発想をするときには、あえてこのようにフレームワークを使うことはせず、「思いつくままに」アイデアを箇条書きで羅列していくアプローチをとります。

　いわゆるブレインストーミングも、基本的には（少なくとも最初の段階では）このようなスタイルをとることが多いと思います。

　フレームワークを上手に活用する思考法がイメージできるように、ここでは、「フレームワーク思考」と「思いつき」とを対比してみます（図表4-3）。

　大きく分けるとフレームワークのメリットとしては、思考の癖を矯正することで、①自分の思考の盲点を見つけられる、②他者との対話の共通の土俵を作ることができる、の2つを挙げることができます。

　それでは次に、フレームワークを用いることのデメリットを考えてみましょう。フレームワークとはよくも悪くも「思考に枠をはめる」ことを意味しています。

　したがって、図表4-1の②にあるような、個人が持っている独創的なアイデアを殺してしまうことがあります。これが一部の人が主張する「フレームワークは役に立たない」ということの趣旨です。ある意味でそのとおりでもあり、使いどころを考えることが重要であるということです。

図表4-3 | フレームワーク思考 vs.「思いつき」

**フレームワーク思考で「思考の癖」に気づく**

| フレームワーク思考 | 「思いつき」 |
|---|---|
| ・「白地図」の上に列挙<br>・思考の癖に気づける<br>・「いまないもの」に気づく<br>・他者との共有がしやすい | ・単純に羅列<br>・思考の癖に気づかない<br>・「いまあるもの」の集合のみ<br>・他者との共有がしにくい |

このデメリットを克服するためには、まず図表4-1の左のようにフレームワークを気にせずにアイデアを抽出した上で、「自分の発想の死角を探し、盲点を見つける」ためにフレームワークを活用します。そうすることで、自由に発想を広げて図表4-1の②が死なないようにして、その上でフレームワークを適用して死角である①の領域を広げるのがよいでしょう。

【理解度確認問題】

次のうち、フレームワークを用いることのメリットはどちらでしょう?
1. 他の人が思いつかないような斬新な発想ができる
2. 思い込みや偏ったものの見方によって見落としていることを見つけられる

【応用問題】

自分の会社や自分が好きな領域の何らかの製品やサービスを思い浮かべてください。

1. その売り上げを拡大するための施策をまずはフレームワークなどは一切考慮せずに、直観で思いつくままに挙げてみましょう（一段階目）。
2. 次に「マーケティングの4P」のフレームワーク（Product：製品、Price：価格、Place：販売チャネル（直販するとか代理店を使うとかネットを使うとか）、Promotion（広告やキャンペーン・ポイント制度等））を考慮して、改めて一つひとつの項目ごとに以下の設問に取り組んでみましょう。

設問1：出てきたアイデアの範囲を、本項で解説した図表4-1の構図を当てはめてみて、①の範囲に入るものは何だったか（4Pのフレームワークを使うことで追加されたアイデア）、そして②の範囲に入るものは何だったか（4Pのいずれにも当てはまらないような個性的なアイデア）をリストアップしてみましょう。

設問2：設問1の結果を踏まえて、2つのやり方（直観によるブレインストーミングとフレームワークを用いたアイデア抽出）の長所と短所を挙げてみましょう。

# キーワード 05 具体と抽象

# 思考とは「具体→抽象→具体」の往復運動

**WHAT** 「犬」という言葉（概念）でまとめるのが抽象化

　思考とは何か？　本書のテーマでもあり、さまざまなサブテーマで展開はしていますが、そこで論じていることを突き詰めると、大部分が「具体的事象を抽象化して概念化する」ことと、「抽象化された概念を具体化する」ことに分解することができます。

　例えば、フレームワークで言えば、個別の項目が具体で、フレームワークの分類の一つひとつ（3Cで言えば、CustomerやCompanyなど）が抽象という関係になります。また次項の「なぜ？」で言えば、個別の手段が具体で、種々の手段によって達成すべき目的が抽象という関係になります。つまり具体→抽象→具体という「往復運動」が思考の原点にあるのです。

　では、まず具体と抽象とはどのような違いがあるかを見ていきましょう（図表5-1）。

| 図表5-1 | 具体 vs. 抽象

| 具体 | 抽象 |
| --- | --- |
| • 直接目に見える | • 直接目に見えない |
| •「実体」と直結 | •「実体」とは乖離 |
| • 一つひとつ個別対応 | • 分類してまとめて対応 |
| • 解釈の自由度が低い | • 解釈の自由度が高い |
| • 応用が利かない | • 応用が利く |
| •「実務家」の世界 | •「学者」の世界 |

　まず具体とは形があって「目に見える」ものであるのに対して、抽象とは形がなくて「目に見えない」ものです。したがって実体と直結する具体に対して、直結しないのが抽象です。

　個別具体の複数のものをまとめて扱うのが抽象化です。

　そして、人間を人間たらしめている言葉や数を生み出すのに必要なのが「複数のものをまとめて、一つのものとして扱う」という抽象化です。

　例えば、外で見かけるさまざまな犬を「犬」という言葉（概念）でまとめて扱うのが抽象化です。

　それによって、Aさんに飼われているダックスフントもBさんに飼われているゴールデンレトリーバーも、「足が4本である」「教えればお手をするようになる」といった犬に共通の特徴をまとめて扱うことができるのが抽象化の意味合いです。

　AさんのダックスフントとBさんのゴールデンレトリーバーが一緒にいるところを見て、「犬が2頭」と数えることができるのも抽象化のおかげです。

| 図表5-2 | 具体と抽象のイメージ

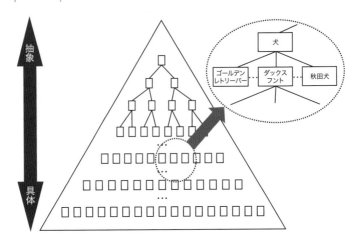

　具体は個別であるゆえに応用が利かないのですが、抽象化することによって応用が利くようになります（図表5-2）。

　ただし実際に応用を利かせるためには、再度その抽象概念を具体化する必要があります（例えば「犬のしつけ方」をCさんが実際にブルテリアを飼い始めたときに適用してみるといったことです）。

### WHY　具体と抽象の往復で知は進化する

　以上が、抽象化と具体化の最もシンプルな形ですが、人類における知の歴史はこのような具体と抽象の往復で形成されてきました。

　人間が頭を使って考えるという行為は、ほとんどが何らかの形で「具体と抽象」の往復をしていることになります。つまり、

「具体化」と「抽象化」が人間の頭脳的活動の根本にあるということなのです。

具体と抽象の往復によって知が進化する。「具体化」「抽象化」が重要な理由はそこにあります。

さまざまな理論は抽象化された概念の代表です。特に自然界の具体的な事象（星や地上の物体の動き方等々）の法則を見出すのが、人類の歴史において多くの学者が取り組んできたことの一つです。

複数の具体的な事象が一般化・抽象化されることで理論化・法則化して、だれにとっても役立つ汎用的なものになるのです。

多くの人が、「具体＝わかりやすい」「抽象＝わかりにくい」という印象を持たれているかと思います。つまり、抽象というのはわかりにくい、実践的ではないと否定的に受けとめられがちですが、具体＝善、抽象＝悪という印象を持つのは大きな誤解であることがわかっていただけたでしょうか。

### HOW　具体的事象→理論・法則→具体的事象

「具体と抽象の往復によって知の世界が進化する」イメージを図表5-3に示します。

共通の特徴を持つ個別事象が理論や法則という形で抽象化され、その理論や法則が数々の具体的事象に適用されていくという流れです。

森羅万象の自然事象が理論化され、そこで生まれた法則を使ってさまざまな工学的な発明がなされていくというのがその

| 図表5-3 | 具体と抽象の往復によって知の世界が進化する

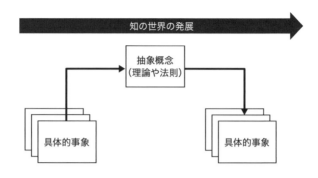

例です。

また言葉における「文法」の役割も同様です。

ビジネスの世界では、類似の成功事例を一般化して成功パターンやビジネスモデルが生まれ、そこからさらに新しいビジネスが生まれていくのが、具体→抽象の事例ということになります。

逆に抽象→具体への例としては、「理論の実践」がその代表的なものと言えます。

教科書や学校で習ったことはそのままでは役に立ちません。それは、ある程度汎用性があるように抽象度が上がったものだからです。

MBAで学習したフレームワークを実際のビジネスに当てはめてみるとか、上述のビジネスモデルを具体的な商品やサービスにしてみるといったことが抽象→具体の例となります。

このようなミクロな個別レベルでの具体と抽象の地道な継続によって、マクロのレベルでの人類全体の知は図表5-4のよう

| 図表5-4 | 「知の発展」のイメージ

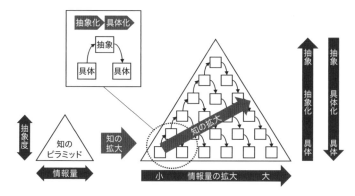

に発展してきました。

図表5-4の左にある小さなピラミッドが横方向（情報量）と縦方向（抽象度）の両方向へ拡大し、その組み合わせによって人類の知は飛躍的に進化しています。

【理解度確認問題】

次の場合に抽象的な言葉と具体的な言葉、どちらを用いるのが適切かを考えてみましょう。

1. 他人を褒めるとき（具体的or抽象的）
2. 責任を取りたくないとき（具体的or抽象的）
3. 誤解を少なくしたいとき（具体的or抽象的）
4. 相手に解釈の自由度を与えるとき（具体的or抽象的）
5. 相手が詳しくない領域の依頼をするとき（具体的or抽象的）
6. 相手が詳しい領域の依頼をするとき（具体的or抽象的）

キーワード
## 06 「なぜ?」

# なぜ「Why?」だけが
# 特別なのか?

**WHAT**　「それはなぜか?」を突き詰めて考える

　思考と切っても切れない疑問詞、それが「なぜ?」です。
　「考えると言えばなぜ?」、「なぜ?と言えば考えること」と言ってもよいほどにこれらは密接な関係にあります。それは一体「なぜ?」なのかをここでは考えてみましょう。
　なお、「なぜ?」(Why)を繰り返して考えることを「Why型思考」と呼ぶとすれば、「Why型思考」の対極が、上司や顧客に言われたことを何も考えずに「そのまま」実行する、すなわち思考停止につながる「What型思考」です。

　ここで考えてみたいのが、他の疑問詞と「なぜ?」との違いです。英語では「5W」とひとまとめにされるように、「なぜ?」(Why)と並ぶ他の疑問詞として代表的なものは「どこ?」(Where)、「誰?」(Who)、「いつ?」(When)、「何?」(What)です。

|図表6-1| 「なぜ?」はなぜ特別なのか?

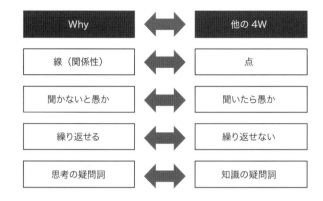

この中でのWhyの特殊性を考えてみましょう(ここではWhy以外の他の4つの疑問詞をまとめて「4W」と呼ぶことにします)。

これらの比較を図表6-1に示します。

### WHY　Whyだけが「線」で「つなげる」

まず決定的な違いは、一言で表現すると「4W」は「点」であるのに対してWhyだけが「線」であるということです。

ここで「線」と言っているのは、何かと何かを関係づけるものであることを意味しています。

例えば日常的に使われる「なぜ?」は理由や原因、あるいは目的を尋ねる場面で用いられますが、これは実は「原因と結果」「目的と手段」をつなげることを意味しています。

これに対して、他の「4W」が尋ねる質問に対する答えは、

「場所」「時期」「人物」といった形でそのものずばりの「名詞」「単語」になります(つまり他の「4W」は、「点」)を聞くための質問になります(逆に「なぜ?」に対する答えは、「○○だから」という「接続詞」がセットになります)。

ロジカルシンキングの項でも「論理とはつなげること」であると説明しましたが、ここでも「思考＝つなげる」ことであると別の形で現れています。

製造業では不具合の原因究明などで「なぜを繰り返せ」ということが言われますが、この「繰り返せる」ことが「なぜ?」の特徴です。

これは上記の「点と線の違い」がその原因です。

「つながり」であることはさらに「その先のつながり」へと展開できるのに対して、「点は点」ですからその後の展開がなく「繰り返すことができない(やる必要がない)」。それが「4W」の特徴です(「どこのどこ」や「誰の誰」は意味を持ちません)。

本書でしばしば比較している「知識の世界」と「思考の世界」の相違が、これらの疑問詞の差になって現れます。

「4W」は知識を問うための質問であるのに対して「なぜ?」は思考回路を起動するためのキーワードです。

知識で重要なのが答えであるのに対して、思考で大事なのは質問であるということが象徴的に表れているのがこの「なぜ?」という問いかけなのです。

つまり先の比較表にもあるように、「4W」について質問するのは知識不足を露呈する「恥ずかしい」ことであるのに対して、

「なぜ？」を問うことは思考回路の起動を意味しています。

### HOW 「4W」は知識を問い、「Why」は本質を探る

1．A社の社長は誰か？（「4W」型の質問）
　　答え：B氏

　これは単に「知っているか、知らないか」の知識を問う問題です。有名な会社であれば多くの人が知っているでしょうし、これが「自社の社長は？」という質問であれば、まさに質問することが「愚か」で「常識を疑われる」質問です。
　これに比較して、以下の質問はどうでしょうか？

2．A社の社長は「なぜ？」B氏なのか？（「なぜ？」型の質問）

　これに対しては「創業者だから」とか、「○○事業で営業の実績を上げたから」とか、「（影の権力者の）××さんのお気に入りだから」とか、「社内の出世コースを歩んでいるから」といった答えが返ってくるかもしれません。
　ここまではまだ「知識」の域を出ていないかもしれませんが、問題は「もう一歩先」です。
　「なぜ、それが社長になる理由になるのか？」を考えてみると、A社の置かれた環境や今後が見えてきます。
　会社というのは、創業期から成長期、成熟期にかけて大事にする価値観が知らず知らずのうちに変化し、それが「社長人事」という形になって表れるからです。
　創業期は（会社や事業を）「創った」人が評価され、成長期

には(ある程度形になった製品を)大量かつ効率的に「作ったり」「売ったり」する人が評価されます。

そして、さらにそれが進んで成熟期に入ると、すでにそこにある「ヒト・モノ・カネ」をうまく「回す」人が評価されます。

だから、第一のパターンでは創業者や新規事業を立ち上げた人が社長になり、第二のパターンでは技術や営業の実績を上げた人が社長になり、第三のパターンでは人事、経理、企画等のスタッフ部門を歴任した人が社長になるわけです。

この例題のように、「なぜ?」を考えるのは単なる知識だけでなく、その背景や理由、目的という「直接見えない」ことから多くのことを洞察することにつながっていきます。

したがって、「4Wを質問する」という知識不足を露呈することとはまったく逆に、「なぜ?」を問うことこそ物事の本質を探るための思考の原点であると言えるのです。

【理解度確認問題】
次の項目のうち、「なぜ?」の特徴として当てはまらないものはどれでしょうか?
1. 「関係性」を表現する
2. 過去に対しても未来に対しても使える
3. 「名詞」で答えられる
4. 本質的な課題を見つけるためのものである

【応用問題】
1. 自分の会社(または考えやすい企業や組織)では「なぜ?」

いまの社長が社長なのかを考えてみましょう。さらにもう一回「なぜそれが理由なのか？」を考えてみましょう。
2. 日本人は時間を守ることへの意識が高いと言われていますが、それはなぜかを考えてみましょう（それは「時間を守ることが重要な場面」が他の国に比べて多いからと考えられないでしょうか？　だとすれば、どういう場面が「時間を守ることの重要性が高い」と言えるのでしょうか？）。

## キーワード07 アナロジー思考

# アイデアは遠くから借りてくる

### WHAT 「アナロジー」と「パクリ」との違い

創造性の根本は「借りてきて組み合わせる」ことです。

斬新に見えるアイデアもよく見れば、既存のアイデアの組み合わせにすぎないことがほとんどです。

ただし、その「既存のアイデア」の使い方に工夫が求められます。そこに必要なのがアナロジーという発想です。

要は、ビジネスであれば他の業界やビジネス以外の世界で行われていることを参考にして、自分の業界や製品・サービスに適用できないかと考えるのがアナロジー思考です。

アイデアを借りてくるというと、そっくり何かのアイデアをコピーしてしまう、いわゆる「パクリ」がありますが、アナロジーはこの「パクリ」とどこが違うのでしょうか?

そのキーワードが「遠くから」です。遠くからとは、「一見しただけではわからないような抽象度の高い共通点」を持ったものから借りてくることを意味します。

| 図表7-1 | 共通点のレベル

| アナロジー | パクリ |
|---|---|
| 「遠い」もの | 「近い」もの |
| 目に見えないもの | 目に見えるもの |
| 根本的（本質的） | 表層的 |
| 関係・構造レベル | 属性レベル |
| 一見わからない | 簡単に気づく |
| 抽象的 | 具体的 |

「遠くから借りてくる」ためには、
対象を構造化・抽象化する必要があります

　「アナロジー」と「パクリ」における共通点のレベルの違いを図表7-1に示します。

　同じ業界の中や誰が見てもわかる類似の商品のアイデアを借りてきても、斬新なアイデアとはなりません。そればかりか下手をすると意匠権や特許権、あるいは商標権の侵害で訴訟の対象になります。

　抽象度の高い共通点とは、商品やサービスの売り方や「要するにこういう特徴がある」と表現できるもので、例えば、以下のようなものです。

・顧客ニーズのつかみ方（「少数だが確実に存在するグループをターゲットにする」など）
・流通チャネルの関係性（中間業者をなくすなど）
・製品の特徴（「レトロの性質を復活させる」など）

　例えば、「オンライン書店」で始まったアマゾン（Amazon）は、いまでは靴や服など、従来の常識では通販で売ることは考

えられなかったものを含めて「ありとあらゆるもの」を、本を売るのと同じ仕組みを作って販売しています。

これは抽象度の高い「売り方」(中間業者を極力排するとか、購買履歴を使って個別の顧客へのリコメンデーションを次々と発信するとか)のレベルを、一見異なる商品につなげていった事例です。

## WHY その可否が機会発見の分かれ目になる

デジタル化が進んだ世界では、これまで以上にそのような業界や商品・サービスを超えたアナロジーの応用が進みます。それは、デジタルの世界はリアルの世界に比べて抽象度の高いビジネスのモデル化が簡単にできるからです。

例えばウーバー(Uber)を表面上の配車サービスととらえるのではなく、「個人と個人が必要に応じてマッチングされる」という「オンデマンドマッチング」モデルで考えたり、エアビーアンドビー(Airbnb)を「民泊」ととらえるのではなく、「稼働率の低い資産をシェアする」というモデルで考えることで、そこから無数の応用が考えられます。ウーバーを「単なるタクシーの代替手段」と考えるのは、20年前のアマゾンを「単なるオンライン書店」と考えるのと一緒だということです。

近年ではビットコインを「単なる暗号通貨の一つである」とだけ考えるのは、その上位概念である「ブロックチェーン」の「分散型台帳」としての限りない可能性に蓋をしてしまうことを意味しています。このように、一つの事例を見てそれを抽象化してアナロジーで他の応用を考えられるかどうかは、ビジネスにおける機会発見の重要な分かれ目になるのです。

HOW　ロジカルシンキングは「守り」で
アナロジーは「攻め」

　思考にも大きく「守り」と「攻め」があります。

　守りの代表がデータやファクトをベースに論理的に考えること、つまりロジカルシンキングだとすれば、攻めの代表がこのアナロジー思考です。

　アナロジー思考は、創造的に斬新なアイデアを考えるのに有効な手法です。

　同じ思考でもロジカルシンキングとはまったく異なる視点も重要になってきます。

　「守り」と「攻め」の性質の違いを図表7-2に示します。

　守りとは「当たり前のことを当たり前にやる」（その代わりに良くも悪くも個性は出ない）ことであるのに対して、攻めのアナロジー思考は大胆な仮説を創造的に導くためのものです。

　ここで一つアナロジーのクイズを出しましょう。

　「手羽先」と「カニ」の共通点は何でしょうか？　一見まったく異なる2つの食べ物に何か、「要するに」という特徴としての共通点はないでしょうか？

　ここで着目する共通点は「食べるのに手間がかかって手が汚れる」ことです。箸では細かいところまでは食べきれず、どうしても直接手を使うことになるので、面倒くさい上に手が汚れるので、無精者やきれい好きの人は敬遠するという点で、この2つは見た目や味はまったく違うにもかかわらず「似ている」ということが言えます。

| 図表7-2 | アナロジー思考 vs. ロジカルシンキング

| アナロジー思考（攻め） | ロジカルシンキング（守り） |
| --- | --- |
| ・大胆な仮説を導く<br>・状況証拠<br>・不連続的（飛躍あり）<br>・ひらめきの要素あり | ・合理的結論を導く<br>・物的証拠<br>・連続的（飛躍なし）<br>・ひらめきの要素なし |

　では、このような共通点を見つけると何のメリットがあるのでしょうか？

　例えばここから、手羽先を食べない人と（同じ理由で）カニを食べない人に、何らかの相関があるのではないかという仮説が立てられます。さらにはこれらが両方嫌いな人の一定割合は、「（骨つきの）焼き魚」や「具が段重ねで入っているハンバーガー」も嫌いではないかという仮説が立てられます。

　このような相関の仮説は、ビッグデータの時代の顧客の行動パターンの予測に役立てられる可能性があります。もしかすると、「居酒屋の（手羽先や焼き魚の）購買データから、ハワイアンレストランの（ハンバーガー割引）キャンペーンのターゲット顧客の特定」ができるかもしれないのです。

　さらにこれらを抽象化して、このような人たちは「面倒くさがりの人」ではないかという仮説を立てることで、キャッシュレスにすぐ移行する人たちとの相関が現れるかもしれません。

　データ活用時代にデータ解析を行う「データサイエンティスト」が求められていますが、単なる数値計算だけであればコンピュータ（＋AI）の方が優れています。人間に求められるのは、このような仮説を立てる力と言えます。

## 【理解度確認問題】

次の（A）と（B）のうち、どちらがアナロジー思考的な頭の使い方や行動パターンかを選んで下さい。

1. （A）同業他社の情報を収集する
   （B）異業種や遊びの世界に興味を広げる
2. （A）データと論理で正解を導く
   （B）当てはまるかもしれない仮説を多数出す
3. （A）目に見えない共通点に着目する
   （B）目に見える共通点に着目する
4. （A）具体的な事象をそのまま真似する
   （B）事象を一度抽象化してから遠くに飛ばす

## 【応用問題】

近年、タクシーの助手席の後部に広告用のモニターが急速に普及しつつあります。これは、

・他にあまりやることのない（スマホを出す間もない）短い時間で
・見やすい目の前にモニターがある

という観点から比較的、広告効果が高いと考えられます。

同様なものとして、満員電車における中吊り広告が挙げられます。

ほかに上記の2点の条件を満たす場所が身の回りにないか、考えてみましょう。

# Chapter 1 基本の思考法を押さえる

## キーワード01　戦略的思考

「そもそも戦う必要があるのか？」、行列のできる店で人気のラーメンを食べたいならば「並ばないで食べる方法」を考えるのが戦略的思考です。

## キーワード02　ロジカルシンキング

「誰が見ても」「話がつながっている」、筋道が通っている考え方。多数の人を説得する際に必要な「共通言語」となるものです。

## キーワード03　仮説思考

「結論から考える」ことで、時間や情報がない場面でも、最も効率的に目標達成、問題解決にたどりつくための「思考の試作」＝仮説です。

## キーワード04　フレームワーク

「思考の癖」を矯正してくれる「型」のようなものです。アイデア出しの助けになりますが、使いどころを間違えないことが重要です。

## キーワード05　具体と抽象

思考の原点にあるのが「具体→抽象→具体」の往復運動です。「言葉」や「数」も抽象化によって生み出されており、思考の基本動作です。

## キーワード06　「なぜ？」

「5W」のうち、「Why」以外の「4W」が「点」で知識を問うのに対して、「Why」だけが「線」でつなげる（目的と手段など）質問になります。

## キーワード07　アナロジー思考

他の業界やビジネス以外の世界で行われていることを、自分の業界や製品・サービスに適用できないか、と考える「遠くから借りてくる」思考法です。

Chapter

2

二項対立で考える

# 「視点」と「思考の軸」を 意識して使い分ける

　第1章で基本の思考法を押さえたところで、続く第2章ではこれらの思考法やその他の「考える」行為一般を行う上で重要となるさまざまな基本的な視点を解説します。

　「視点」という言葉もビジネスの現場や日常生活でよく用いられる言葉ですが、改めて考えてみると簡単に説明することが難しいのではないかと思います。

　その視点というテーマを扱うための方法として、本書では「二項対立で解説する」手法を取ります。簡単に言えば、「〇〇である」という状態を定義するのに、それとは正反対の「〇〇でない」という状態との比較を用います。

　「二項対立」という言葉は往々にして誤解とともに否定的な意味で用いられることがあります。選挙の争点などを論じる際に、物事を単純化して「白か、黒か」と選択を迫る場合に「世の中はそんなに単純に二つに割り切れるものではない」と反論する。それが二項対立への批判の論点になるのですが、それは大きな誤解であることを解説します。

　そのような「二項対立によって視点を示す」テーマとして、本章では「因果と相関」、「演繹と帰納」、「発散と収束」を扱います。

　いずれもビジネスの現場や日常生活で思考力を発揮する上で

頭に入れておくべき重要な視点と言えます。これらの違いを二項対立的に理解し、上手に使い分けをすることで思考のプロセスは格段に有効なものとなるでしょう。

さらに二項対立に関して、第1章で解説したロジカルシンキングのテーマである論理を説明するために「論理と直観」「論理と感情」の2つを本章で取り上げます。それによって、さらに論理に関しての理解を深めたいと思います。

また「自ら考える力」の使いどころを見極める上で重要な視点に「川上と川下」があります。

これらさまざまな視点の解説に加えて、視点と同様に何気なく用いられるものの誰もがその定義を明確にすることが難しいものに（思考の）「軸」という言葉が挙げられます。本章では、上記の「視点」という言葉と併せて、二項対立という形で「思考の軸」を考えてみます。

この第2章は本書の中でも最も抽象度が高く、理解するのが難しいと思う章になるかもしれません。一度でスッキリと理解するのが難しくても気にせずに読み進めて、続く第3章以降を読んでから再度戻ってきてもよいでしょう。

そもそも考えるという行為自体が抽象の階段を上り下りすることであるというのは、第1章で述べたとおりです。

さらに付け加えれば、抽象の階段の上下は必ずしも白か黒かとすっきり分けられるものでもありません。ですから、そのようなモヤモヤが頭の中に生じたら、それこそが「考える」という行為を実践していることの証しと言えるでしょう。

キーワード
## 08 二項対立

# 二者択一はデジタル的、
# 二項対立はアナログ的

WHAT 「白か黒か」だけではない

二項対立は、本書の他の項でもしばしば「比較表」という形で用いており、思考（力）と密接な関連があります。

本章で解説する「因果と相関」「演繹と帰納」「発散と収束」「論理と直観」「論理と感情」「川上と川下」は、思考（力）と密接に結びついた二項対立の代表的なものです。

「二項対立」は、辞書では次のように説明されています。

「論理学で、二つの概念が矛盾または対立の関係にあること。また、概念をそのように二分すること」。

ここで説明されているのは、「広義での」二項対立と言えます。本書では、この定義で表現されている側面のうち、「対立概念を表現する」ことを「狭義での」二項対立と定義し、定義の後半にある「概念を二分する」ことを「二者択一」あるいは二分法として区別します。

世の中の議論でこれらが混同されるために、本来は思考に不

## 図表8-1 「二項対立」 vs.「二者択一」

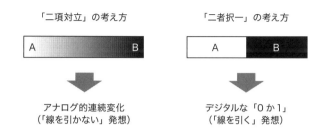

可欠な二項対立の考え方が、定義の違いによって否定的にとらえられる場面が散見されるからです。

二項対立としばしば混同されて語られるのが「二者択一」あるいは「二分法」と言われるものです。「賛成か反対か」「AをとるかBをとるか」「白か黒か」と物事を真っ二つに分けて考える発想です。

二者択一でしか物事をとらえられないと、例えば「世の中保守かリベラルか、と単純に割り切れるものではない」、「ネットを使う人か使わない人か、と安直に割り切れるものではない」という発言が生まれてしまうのですが、これは大いなる誤解です。

二項対立と二者択一の違いを「二項対立的に」図で示します（図表8-1）。

二項対立は途中に明確に線が引かれていない連続変化で、二項対立は抽象レベルでの話です。

二項対立が二者択一に見えてしまうのは、すべてを具体レベルでしかとらえないために起きる誤解です。

一方で、抽象化思考ができる人は二項対立と二者択一を明確に区別することができます。二項対立は抽象化と密接な関係にあるということです。別の言い方をすると、二者択一の考え方を「白か黒か」の「デジタル的な考え方」とすれば、二項対立は「アナログ的な考え方」とも言えます。

　例えば、「西と東」のように両極を定義することで、一つのものの見方の「座標軸」を提示し、さまざまな見方をその座標軸のどこかの地点で表現できるからです（この説明に「世の中『西か東か』の2とおりに分類できるものではない」という反論をする人はいないでしょう）。

　ここではあたかも両者は両極端のように説明してきましたが、実は二者択一は二項対立の一つの派生系であることは後述します。


### WHY　抽象化のための基本中の基本の頭の使い方

　では、なぜ二項対立で考えることが重要なのでしょうか？

　それは、二項対立は、思考の基本中の基本である「抽象化」において必須の概念だからです。

　私たちが抽象化をする上で、無意識にどのように考えるかを改めて確認してみましょう。ここでは「言葉を定義する」という場面での抽象化を例として取り上げます。

　例えば、私たちが「水」という言葉によって水を認識する場合には、無意識のうちに水の性質を考えると思います。

　それは、以下のようなことでしょう。


・液体である

- 無色である
- 温度が0度と100度の間である
- 透明である
- 味がしない
- ベタつかない
- ……

　ここで、さらに無意識のうちに意識されているのは、これらの性質を語る上で「水は○○である」と定義する裏側に「他の物質は○○でない」という定義との比較がセットになっていることです。
　つまり、言葉の定義は基本的に「○○であるものとないものを区別して考える」ことの集合から成り立っているということです(「無色か味がするか」という比較には意味がありません)。
　したがって、一見感覚的に定義されているように見える言葉もよく考えれば二項対立的な定義の集合で定義されていることがわかります。

　また、【WHAT】で解説した「二者択一と二項対立の違い」も二者択一的にデジタルで考えるのではなく、単に「変数の数の違い」(ある/なしが一つなのか、多数のある/なしの集合なのか)でしかなかったということです。すなわち、二者択一も二項対立の一つの派生系と言えます。
　このように、言葉の定義を代表とする抽象化は二項対立の考え方を基本に成り立っており、思考力を分解したときに基本中の基本となる頭の使い方になるのです。

| 図表8-2 | 最も簡単な軸は「あるなし軸」

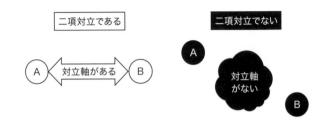

### HOW　MECEや思考の軸とセットで考える

　二項対立の考え方は後述するキーワード16の「MECE」の概念と密接な関係があり、これらはセットで考えることが多くなるはずです。

　例えば、AかBかという二項対立を考える上では、図表8-2に示すように、「対立軸」が必要になります。

　最も簡単な軸は「Aには○○があるが、Bには○○がない」という「あるなし軸」です。

　そもそも「二項対立である」と「二項対立でない」を説明しようとする、この定義自体が二項対立になっているのにお気づきでしょうか？

　例えば、これを「説明を聞いてしっくり来るのが二項対立で、二つの言葉のレベルが合っていないのが二項対立でない」と定義されたとしましょう。

　これを聞いた人は恐らくモヤモヤした状態になるでしょう。それはこの説明そのものが二項対立になっているので、定義にモレとダブリが生じてしまっているからです。

　世の中にはこのように、「2つのものの違いを説明する」場面

で二項対立になっておらず、したがって「モレとダブリがあってモヤモヤする」説明があふれています。この点は、キーワード16の「MECE」で紹介する分類（＝抽象化）の考え方と同じです。

このようなものを日常で探してみることは、二項対立を日頃から意識するトレーニングになります。同時に、それを単なる粗探しに終わらせずに「自分ならどう定義するか？」を考えてみましょう。

そうすることで、他者にわかりやすく言葉を定義するトレーニングとなり、文書作成やプレゼンテーションをする上でも大きな武器になるでしょう。

【理解度確認問題】
　次のうち、「製品と商品の違い」の定義として二項対立になっていないものを選んでください（複数回答可：その「定義」に異論があるかどうかは別問題として、考えてみてください）。
1. 売り手の視点で考えているのが「製品」で買い手の視点から考えているのが「商品」だ
2. 形のあるものだけを指すのが「製品」で、形になっていないサービスも含めるのが「商品」だ
3. 工場の人が使う言葉が「製品」で流通業界の使う言葉が「商品」だ

キーワード
## 09 因果と相関

# 雨が降れば傘が売れるが、傘が売れても雨が降るわけではない

**WHAT** 因果は「A → B」、相関は「A ↔ B」

　因果関係や相関関係という言葉そのものは、私たちの日常生活で頻繁に出てくる言葉ではないかもしれませんが、実は身近に何気なく使われています。

　因果とは、原因と結果、またその関係を表します。

　相関とは、2つの事象が密接に関わり合っていることを意味します。

　因果関係と相関関係については図表9-1に示すような関係が成り立ちます。

　要は因果があれば必ず相関があるが、相関があるからといって因果があるわけではないということです。

　この基本的な関係を踏まえて、因果と相関の違いをまとめておきましょう（図表9-2）。

　単なる相関にはなくて因果にはあるもの、それは順序依存性

| 図表9-1 | 「因果関係」と「相関関係」の関係

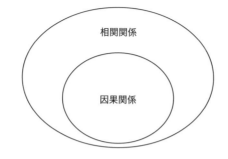

| 図表9-2 | 因果関係 vs. 相関関係

| 因果関係 | 相関関係 |
| --- | --- |
| ・順序依存性あり<br>・データ+仮説で成立<br>・AIは不得意 | ・順序依存性なし<br>・データのみで証明可<br>・AIが得意 |

です。つまり「AとBに相関がある」場合には、「A→B」という順序のものもあれば、「B→A」もあれば、AとBが同時に変化するものもあります。

例えば会社の売り上げと利益の相関に関しては、このようなことが言えるでしょう。

ところが「A→B」という因果関係においては、必ず「Aが起こった後にBが起きる」という順番になり、逆は成り立ちません。

例えば、「急に雨が降る」と「ビニール傘の売り上げが上がる」という関係は成り立ちますが、(特別セール等で) ビニール傘の売り上げが上がったからといって急に雨が降り出すわけ

ではないというのは自明の関係です。

　別の見方をすれば、相関は客観的な事実ですが、因果は何らかの人間の解釈が入っていることが多いと言えます。

　要は気をつけないと、因果は恣意的な解釈が可能だということです。

### WHY　相関ではなく因果によって「先が読める」

　ところが、相関と因果は、意外に混同されています。

　例えば、企業の従業員満足度と利益率が「相関」するからと言って、これらは必ずしも「従業員満足度の高い会社は利益率も高い」という因果関係になっているわけではありません。

　むしろそれは逆で、利益率が高いから給料も高く、福利厚生等にもお金を回す余裕があるために満足度が高い、という逆の因果関係が成り立つとも考えられます。

　同様なのが、売上高に対する研究開発費の比率と利益との関係です。これも一歩読み間違うと、「研究開発に金をかければかけるほど利益は上がる」という結論に安易に飛びつきがちで要注意です。

　往々にしてこれらは、因果関係が双方向のいわゆる「鶏と卵」になっている可能性も考えられます。

　このように、因果関係と相関関係を区別して考えることは重要です。なぜなら、因果関係がわかればビジネスにおいても「先が読める」からです。単なる相関関係を見つけるだけでは次の施策に直接つなげることはできません。

## HOW　AIで相関関係を見つけ、人間が因果関係を見出す

　AIの時代に、この「因果と相関」を考えることが重要になっています。それは、AIは巨大なデータ量を基にして、さまざまな事象の間の相関関係を見つけることが人間に比べて圧倒的に得意であるということです。

　例えば、近年目覚ましい進歩を遂げているオンラインショッピングにおけるリコメンデーション機能がその典型です。
　「Xを買った人の○○％がYも買っている」といった「事実」としての相関関係を見つけるのは、コンピュータが得意中の得意とすることです。人間なら想像だにできなかったような商品間の売り上げの相関を見つけ出して、思わぬ潜在的ニーズを見つけることが可能になります。

　逆に言うと、これまで人間がやってきたさまざまな相関分析は限られた時間やリソースの中で実施されたために、網羅的にありとあらゆる組み合わせを無作為に試してみるというわけにはいきませんでした。そのため、何らかの因果関係の仮説を立ててからそれを検証するために必要な分析を行うという手順をとっていました。
　ところがAIの時代では、(分析リソースの活用を効率化するという目的で) いちいち仮説を立ててから分析を行う必要性が下がってきています。そして、むしろAIが出してきた相関関係から何らかの仮説を立てて、そこに因果関係を見出していくことが求められてきます。

例えば、AIが「ランドセルと航空チケットの売り上げが、ある地域と期間において相関する」という相関分析の結果を出してきたとしましょう。

　一見何の関係もないように見えるこれらの商品ですが、人間がここに仮説を立ててみれば、「新入学する孫にランドセルを買った祖父母が入学祝いに上京するためのチケットを買っている」というストーリーが見えてくるかもしれません。

　このような関係を見出せば、例えばこのような潜在顧客層に対して、小学校1年生の年代で流行っているおもちゃをリコメンデーションしてみるといった施策が考えられます。

　当然ここで立てたのはあくまでも仮説であり、そこにさまざまな施策を打つことで、これが妥当であったかどうかの検証がある程度はできるということになります。

　いずれにしても、このようなデータを用いた仮説検証サイクルの考え方が、AIによるビッグデータの相関分析という強力な機能が加わることによって大きく変わっていき、そこに果たす人間の役割も大きく変わっていくということです。

【理解度確認問題】
1. 次の各項目は、相関か因果のどちらの特徴を表したものでしょうか？
   ・順序依存性がある
   ・データのみで検証が容易である
   ・現状ではAIより人間の方が見つけるのが得意である
2. 次のうち、相関はしているが直接の因果関係はないと考え

られるものはどれでしょうか？
・予報に反して雨が降るとビニール傘がよく売れる
・スマホを持っていない人には老眼が多い
・幼少期を海外で過ごした人は英語がうまい

キーワード
# 10 演繹と帰納

## 「そう決まっているから」なのか？
## 「多くがそうだから」なのか？

**WHAT** 論理を展開するための古典的な2つの手法

演繹とは、一般的な前提から、個別的な結論を出そうとする論理的推論の方法です（図表10-1）。

一方、帰納とは、個別的なさまざまな事例から、一般的な法則を見出そうとする論理的推論の方法です（図表10-2）。

要するに、演繹法とは「そう決まっているから」という推論で、帰納法とは「多くがそうだから」という推論です。

論理的であるとは、実用的な解釈としては、①誰が見ても（聞いても）②話がつながっていることでした。

誰が見ても（聞いても）話がつながっているように論理を展開するための典型的かつ古典的な2つの手法が、「演繹と帰納」です。

論理が厳密な数学の世界では、はじめの決まりである公理から演繹的に導かれた別の法則（定理）を用いるのが演繹的な導き方です。一方、経験則や膨大なデータから何らかの規則性を

| 図表10-1 | 演繹的推論の例

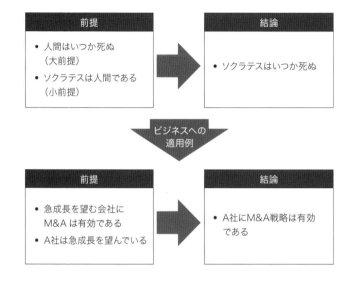

| 図表10-2 | 帰納的推論の例

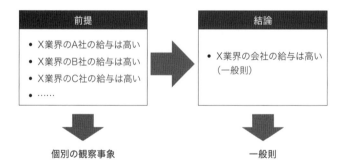

導き出すのが帰納的な導き方です。

演繹と帰納の比較を示しておきましょう（図表10-3）。

| 図表10-3 | 演繹的推論 vs. 帰納的推論

| 演繹的推論 |
| --- |
| ・「そう決まっているから」 |
| ・厳密な論理性がある |
| ・トップダウン |
| ・抽象から具体 |

| 帰納的推論 |
| --- |
| ・「みんなそうだから」 |
| ・厳密な論理性はない |
| ・ボトムアップ |
| ・具体から抽象 |

**WHY** 他人から見ると「つながっていない」ことが多い

　論理的でないとは、自分ではつながっていると思っている話が、他人にはそうは思えないということです。「論理的につなげる」にはどうすればよいかを考える上で、ビジネスの現場で「よく聞くが実は論理的でない」話の典型例を挙げてみましょう。

　他人から見るとつながっていない例
・「自分はそうやって成功してきたんだから部下もそうできないのはおかしい」
・「社長が決めたルールに従っているんだから正しいんだよ」

　まず一つ目は何が問題でしょうか？
　要は「自分ができたから（同じく人間である）他人もできるはずだ」という論法です。
　これはなぜ説得力がないのでしょうか？
　すぐにわかると思います。自分というたった一つの事例から、すべてがそれに当てはまるとは、あまりに「話が飛んでい

る」と見えるでしょう。この論法が成り立つなら、カラスは真っ黒だからすべての鳥も黒いはずだというのと一緒です。

二番目の例では、どうも何らかの権威を借りることで根拠としたいようですが、これも「社長」という権威の説得力が「誰が見ても」に関して弱いように見えます。

このような課題をどのように克服すれば、誰が聞いても話がつながっているように論理を展開できるのでしょうか？

演繹法や帰納法という論理的推論の方法が求められる理由がここにあります。

### HOW 「演繹」や「帰納」で説得力を高める

まず演繹的な推論は、一般に正しいとされている「法則」にその推論の根拠を求める方法です。科学における法則の活用がその典型的な例です。

例えばニュートンの運動方程式 $F = ma$ という公式は地球上のどの物体にでも（マクロのレベルでは）当てはまる公式ですから、それに依拠した議論はすべて完全に論理的な推論となります。

この観点で先の「論理的でない」事例の2つ目の「あの人が言っているから」を見ると、これは一般に証明されたり信じられたりしている法則ではなく、単に一人の人の決めたことによって結論が導かれていることが問題となります。

何らかのルールには則っていても、それが恣意的に特定の人が決めたものだとすれば、それは誰が見てもつながっていることにはならないでしょう。

帰納的推論と比較すると、演繹的推論はその前提となるルー

ルや法則が正しければ、必ずそこから導かれる結論も正しいことになります。ビジネスにおける法則やルールは、時に「業界の常識」であったりするので演繹的推論として厳密なものではないかもしれませんが、それでも「ほぼ演繹的」な推論と呼ぶことはできるでしょう。

　次に帰納的な推論です。先の「話が飛んでいる」事例で見た「サンプルがたった一つ」であることはまったく論理的ではないのですが、これが「100人が100人ともやったらできた」という話であれば相当説得力は高まるでしょう。
　ただし、これは何人であっても完璧に論理的なわけではありません。もしかすると101人目はうまくいかないかもしれないし、その数をどんなに増やしたところで、確からしさは限りなく上がってはいくものの、絶対とは言えません。
　このように帰納的推論とは「ほぼ論理的」であるための推論方法と言えます。
　高い厳密性が求められる学問の世界はともかく、スピードや効率を考慮した実用性を重視するビジネスの世界ではこのような推論が頻繁に行われます。
　近年、ICT化によるデータ活用によって重要性が高まっている統計も、基本的には帰納的推論の世界となります。「データから傾向をつかむ」というのが、まさに帰納的推論です。少数ではあっても「外れ値」が存在することがそれを表しています。

　帰納的推論や演繹的推論は、私たちが自然に使っている推論の方法ではあります。
　とはいえ、改めてそれらを意識してみることで普段の仕事の

論理性をチェックしてみることができます。
　その結論はどのように導かれたかを改めて考えてみることは、論理的な思考のトレーニングにもなるでしょう。

【理解度確認問題】
　以下の各項目は、演繹的な考え方、帰納的な考え方のどちらでしょう？
1．8月の売り上げは開業以来10年連続で年間の最低だったから、今年もそうなるだろう
2．製品ライフサイクル理論に従えば、この製品はそろそろコモディティ化していくに違いない
3．「業界のセオリー」に従って製造コストの低減策を考えよう
4．顧客の年代と売り上げの相関を年間の売上データから出して販売促進施策を考えよう

キーワード
## 11 発散と収束

# 「落としどころありき」の思考停止に陥ってはいけない

**WHAT**　発散で多くのアイデアを出し、収束でまとめる

　発散と収束はもともと数学の用語でもありますが、一般的には情報やアイデアを出すのが発散、まとめるのが収束と考えていいでしょう。

　顧客や上司、組織が抱えるさまざまな問題を解決するためにさまざまなアイデアを出し、それらに優先順位をつけて計画を策定して、実際に実行していく流れの中では、「発散」と「収束」を意識しておくことが重要です。

　実際には発散→収束のサイクルは一回だけでなく、何度も繰り返すことになります。

　例えば、商品やサービスのアイデアを考える場面では、まずは発散プロセスとしてのブレインストーミングが行われます。

・男性、女性、ビジネスパーソン、主婦層、若者、高齢者のう

| 図表11-1 | 問題解決の発散→収束サイクル

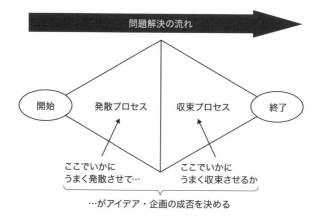

ちでターゲット顧客層は誰なのか？
・ターゲット顧客層は、どのようなことに不便を感じているのか？
・既存の商品やサービスのどのような点に満足できないのか？
・どのような商品やサービスがあれば、うれしいのか？
・どのような商品やサービスに癒やされるのか？

ここではあまり制約条件を考えたり、前後のつながりを気にしたりせずに数を出すことが重要です。

ここで出てきたアイデア群は、次に優先順位づけがされて、実際に採用されるプランが決まっていきます。
そこでは論理的にデータでその重要性や収益性の裏付けがされた上で絞り込み（＝収束）が進んで、最終的には一つ（あるいはごく少数）の案が生き残って、実行に移されます。

また何かのトラブルの原因を特定する場合でも、まずは可能性のある原因を広い視野から抽出します。

　顧客（クライアント）からのクレーム、製品の不具合、サービスの不備から深刻な事故や病気（体調不良）まで、トラブルや不調には思わぬ原因がもとになっていることがあります。

　見落としがないように十分に発散させてから、各々の原因の仮説を一つひとつ評価します。そうすることで、最終的に最も可能性の高い原因を特定していくという過程を経ることが重要になります。

## WHY　発散と収束の成否がアウトプットの品質を決める

　先の図表11-1で示したように、発散と収束のサイクルに関しては、いかに前半でうまく発散させて、後半で収束させるか、その成否が全体のアウトプットの品質を決めることになります。

　発散と収束というプロセスがなぜ重要なのか。それを確認するために、ここでは逆に、それがうまく機能しないとどうなるかの例を見ていきましょう（図表11-2）。

　まずは、前半の発散が不十分な場合が、図表11-2の上のパターンです。つまり可能性を十分に幅広く模索することなく、いわば「落としどころありき」で結論を導いてしまうパターンです。

　お決まりのやり方で前例を踏襲して検討することが、このような結果につながります。

　これは定型的な仕事や環境変化が、小さい環境下では時間もかからず合意の調整も楽に進められるというメリットがありま

図表11-2 | 発散→収束サイクルのパターン

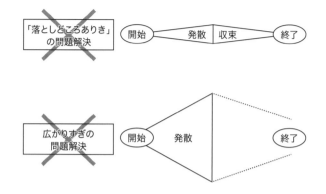

す。反面、ワンパターン化することで結果が硬直化してしまうデメリットが大きいという側面もあります。つまりこれは典型的な思考停止の状況です。

一方で、後半の収束がうまくいっていない場合の「失敗例」を表すのが図表11-2の下のパターンです。発散は十分にできているものの、収束がうまくいっていないので、優先順位づけや絞り込みが不十分である状態です。「あれもこれも」やろうとしてリソースが分散して「結局、何をやっているのかわからない」という状態です。

### HOW 「いまはどちらのフェーズか」を常に意識する

このように、何気ない問題解決や問題発見のプロセスにも「発散と収束」という観点で押さえておくべきポイントがあります。

一つの領域に習熟し、仕事のパターンが確立されてくると、上述の例のように「落としどころありき」のありきたりの施策に落ち着いてしまうことがあります。逆に最終目的である収束の方向を意識せずにダラダラと会議など進めていると、発散ばかりで収束しないという事態に陥りがちです。

　そのようなことにならないように、発散フェーズと収束フェーズの目的や位置づけを明確に意識して、常に「いま自分はどちらか？」を意識しておくことが重要です。

　例えば、ブレインストーミングならば、まずは発散に一定の時間を割くと決めます。その間は、制約を設けることなく、数重視で「何でも思いつきを言っていい」というルールでメンバー全員からできるだけ多くのアイデアを引き出します。ポスト・イットに書き出して、ホワイトボードにどんどん貼り付けていく、という方法もあります。

　発散フェーズの後半ではフレームワークを活用することが有効になります。発想の死角や盲点をチェックして全体感をつかむことが重要になるからです。

　そして一定の時間が経ったら、そこで区切りをつけて、今度は出てきたアイデアを分類し、取捨選択します。それが収束、まとめのプロセスになります。

　ここで重要なのは、優先順位付けとその評価のためのクライテリア（評価基準）です。

　単に「声が大きい人」の意見が通るのではなく、また具体的なオプション同士でどちらがよいかを議論するだけでなく、そこに「なぜか？」という抽象度の高い評価基準を用いると、客観的な納得度の高い結論を得ることができます。

例えば複数のオプションの評価には、リスクとリターンを縦軸と横軸にとったマトリックスがよく用いられます。

【理解度確認問題】

以下のビジネスの場面では、発散と収束のどちらの視点が重要でしょうか?
1. 新製品開発において想定される課題を洗い出す
2. 多くの選択肢の中から結論を導く
3. お決まりのパターン以外の選択肢を考える
4. 次年度の研究開発テーマの優先順位づけをする

キーワード
## 12 論理と直観

# 「論理」で守り、「直観」で攻める

**WHAT**　論理は守りで直観は攻め

　発明に関して、アインシュタインは以下のような言葉を残しています。

　「発明は、最終的結果が論理的な構造と結びついていても、論理的な思考の結果ではない」。

　つまり、創造的に新たなものを生み出していくためのブレークスルーには、論理だけでなく、経験や知識に裏づけられた直観というべきものが重要であるということでしょう。

　直観力とはまさにアートであり、きわめて属人的なもので、科学的に鍛え方を説明するのは難しいですが、経験と訓練によって直観力が高まり、「勘」というべきものが身に付いてくるということは言えます。

　論理は直観とセットで考える必要があります。
　論理と直観は、地頭力のベースとしての両輪とも言えるもの

| 図表12-1 | 論理と直観の関係

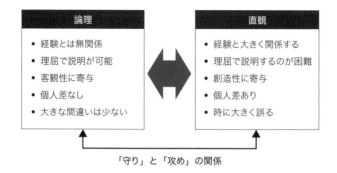

です。地頭力の構成要素である仮説思考力、フレームワーク思考力、抽象化思考力の3つの思考力には、いずれも論理思考と直観の両方が必要とされます。

仮説思考では、とにかく最初に仮説を立てる、という段階で、フレームワーク思考では、最初に「全体像をイメージする」という段階で、抽象化思考では、最初の抽象化・モデル化の段階で、直観力が必要になってきます。

論理とは、ある意味で、当たり前のことを当たり前にやる、いわば「失点を最小限にする」ための守りのものです。そこから直接創造的なアウトプットが出るわけではありません。創造的なアウトプットを出すために必要なのは「攻め」の要素である直観です。

論理と直観を対比して見てみましょう（図表12-1）。
はじめに論理は経験とは無関係のものであるのに対して、直観は経験に大きく依存するものです。

「その道のプロ」の直観というのは膨大な経験に裏付けられたものであることが多く、それは「説明はできない」ものの、それまでの成功体験や失敗体験の積み重ねから自然に出てくるものであると言えます。

　膨大な選択肢の中から「なんとなく筋の良さそうなもの」を出してくる職人技というべきものが直観の産物です。したがって単純なロジックや理屈では説明ができません。

　ロジックが客観性を担保して万人にわかりやすくするものであるのに対して、直観は主観の塊です。したがって個人によって異なる創造性に寄与するのは主に直観ということになります。

　ロジカルに導き出した結論は良くも悪くも誰がやっても同じ結論が出ますが、直観は逆に結論が同じでは意味がないということになります。

　したがって、ロジカルに考えることでは大きな間違いが出てくる可能性は低い（基になる前提やデータに誤りがないとすれば）のに対して、直観は「大いなる勘違い」である危険性を常にはらんでいます。

### WHY　ロジカルシンキングの限界を超えられるか

　近年、ロジカルシンキング（論理的思考）の重要性がビジネスの現場で強調されることが多くなってきました。

　1980年代ごろまでは、島国である日本では以心伝心で通じる「仲間同士」の、言葉以外のものに重きを置く、いわゆる「ハイコンテクスト」型でのコミュニケーションが多かったために、

必ずしも論理的に考えることは重視されてこなかったと思われます。

それが、ビジネスのグローバル化が進み、一方でMBAブームなどもあって、ロジカルシンキングが重んじられるようになりました。

ところがロジカルシンキングが強調され、あらゆる場面での万能薬であるかのように語られるようになると、逆に「ロジカルシンキングでは何も解決しない」という意見も出てきています。

皮肉にもこれ自体は「いきなり盲信して、少しでもあらが見えると全否定する」という、もっともロジカルシンキングから遠い考え方に基づく発想です。

結局、論理だけでは限界があるが、直観だけで突き進むのもリスクが大きいので、要所要所で論理による裏づけも必要ということです。

### HOW　川上の直観、川下の論理

論理か直観かという問題は永遠の課題であり、正解があるものではありませんが、実際のビジネスの場面では、傾向として主として論理が重要になる場面と直観が重要になる場面があります。

ざっくりと表現すれば、「川上の直観、川下の論理」と言うことができるでしょう。

川上と川下についてはキーワード14で詳しく解説しますが、

仕事の段階を表す表現で、何ごとも初めの段階が川上で、徐々に進捗していくとそれが川下に推移していく川の流れにたとえるものです。

これらの違いは「問題発見と問題解決」の項目で詳細に解説しますが、「論理と直観」というキーワードの観点でも対照的です。

そもそも自由度が大きく、膨大な選択肢の中から「当たりをつける」のに必要なのが直観です。

例えば、囲碁や将棋でも序盤の戦いにおいてはすべてを読み切ることは不可能なので、ある程度は経験や定石などから直観を用いて選択肢を絞り込むことになります。
終盤になって詰碁や詰将棋の世界に入ってくれば、あとは論理的に選択肢を網羅的に検討していくことになります。

このことは、さまざまなものの「川上と川下」に応用させることができます。例えば、前述の仮説思考においても仮説を立てるときには直観重視であるのに対して、それを検証する段階では論理やデータが重要になってきます。
組織で言えば、川上であるスタートアップでは創業者の直観が相対的に重要性が高いのに対して、川下である大企業ではマネジメントも論理的に「組織立った」ものとなり、評価システムも客観性が高いものとなってきます。このように論理と直観は使いどころを考えることが重要と言えます。

【理解度確認問題】

次の言葉の組み合わせは論理と直観の対比を示しています。どちらが論理でどちらが直観を表現するものか選んでください。

1. (A) 守り　　　　　　(B) 攻め
2. (A) 一貫性あり　　　(B) 一貫性なし
3. (A) 主観　　　　　　(B) 客観
4. (A) 経験と関係あり　(B) 経験と関係なし
5. (A) 他人に説明可能　(B) 他人に説明不可能

キーワード
## 13 論理と感情

# できるビジネスパーソンは「使い分け」がうまい

**WHAT** それぞれ効果的な「使いどころ」がある

　ロジカルシンキング(や論理思考)の話をすると必ず出てくるのが、「世の中そんなに理屈だけでは動かない」というコメントです。「合理派」と「心理(感情)派」の議論も宗教論争のように永遠に続いているものですが、ここに一つそれらの議論で欠落しがちな視点を提供しておきたいと思います。それは「使い分け」です。

　当然のことながら両者には長所と短所があり、場面によって使い分けることで最良の結果が得られます。
　要するにこれも「どちらが正しいのか?」の二者択一(二分法)の議論ではなくて、二項対立でとらえて特徴を抽象化することで、それらの効果的な使いどころが見えてくるということです。
　ではまず、論理と感情の特徴について、その違いを見てみま

| 図表13-1 | 論理と感情の特徴

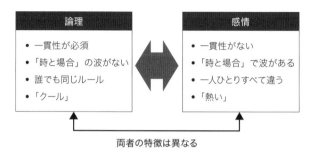

両者の特徴は異なる

しょう（図表13-1）。

簡単に言うと論理とは「いつでも」「どこでも」「誰でも」一貫していることが求められます。論理的に正しい（間違っている）ことは、日本でも海外でも、関東でも関西でも、大人でも子供でも、すべて正しい（間違っている）という点で一切のブレがないのが論理の特徴です。

対して感情の世界は、「状況により」「機嫌により」「相手により」大きく変わるのが特徴です。こう書くと感情の世界はビジネスでは単純に扱いにくそうに感じるかもしれませんが、私たちの行動は想像以上に感情に支配されています。

「あの人の言うことならやってやるか」というのは仕事を進める上で強烈なモチベーションになるというのは誰でも多かれ少なかれ経験のあることでしょう。

**WHY** 論理と感情、どんな場面で有効なのか？

このような特徴を活かして、論理はどんな場面で重要なの

図表13-2 論理と感情の使い分け

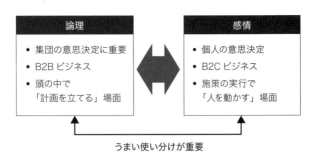

か、一方で感情はどんな場面で重要になるのか、その使い分けを整理したものが図表13-2です。

論理と感情、それぞれの特徴を活かして、場面に応じて使い分ける必要があることを見ていきましょう。

ビジネスで論理が必要になるのは、多数の人が関わって意思決定をしたり判断をしたりする場面です。このような場面で「私はこれが好きだからやりたいんです」と言ったところでまったく説得力はありません。

ただし、これも意思決定が多数の合意によるのではなく「ワンマン創業者」によってなされる場合には、感情による意思決定が行われることは十分に予想されます。この場合でも株式公開企業であれば「株主」という不特定多数の人に対しての説明をする上では論理が必須のものになってきます。

また、商品開発において「個人の購買意思決定」を考える場合には多分に感情の要素が支配することが多いでしょう。そのため、いわゆる「B2C」型のビジネスにおいては感情面を考え

ることは特に重要になります。この場合でも商品の製造や開発工程のような「モノ」が主役となるような場面では論理が重要になります。そこでは科学の原理や数字がものを言う世界だからです。

### HOW　実際のビジネスの場面での「使い分け」

このように、論理と感情は使いどころが異なり、日々の仕事をうまくこなしているビジネスパーソンであれば、これらの使い分けを無意識のうちに行っていることも多いと思います。

ここで身の回りの事象を図の分類にしたがって4つの領域に分けてみましょう（図表13-3）。

まず図の「左上」と「右下」の領域は論理・感情ともに正しいまたは間違いという領域で、この領域の扱いは難しくありません。単に左上は促進し、右下はなるべくやらないようにするのが望ましいことは明白だからです。

問題は「左下」と「右上」の領域です。

・論理的に正しいが感情的には間違っている
　領域と、逆に
・感情的に正しいが論理的には間違っている

これらを日常的に意識することで、論理と感情をうまく使い分けることが可能になってきます。

論理的に正しいが感情的には正しくないという「左下」の領

図表13-3 論理と感情のマトリックス

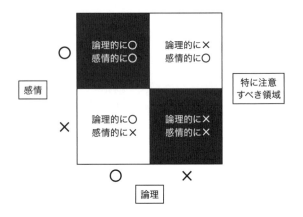

域にあるのは、例えば「優秀であれば年齢にかかわらず登用すべし」という方針です。特に年功序列がベースとなっている日本社会では「若手が登用されれば、妬みを買う」といった形で感情的なしっぺ返しが来ることは確実です。

逆に論理的に間違っているが感情的には適切である状況は、合併後の社長や重要ポストを（能力にかかわらず）旧両会社出身者を交代で選出するという、いわゆる「たすきがけ人事」です。論理的には「実力で選ぶ」方が「正しい」のかもしれませんが、多くの場合にはたすきがけによって「感情的な納得感」が上がることは間違いないでしょう。

◎アクションにどう反映させる？

それでは先に挙げたような場面で、実際のアクションとしてどのようなことに留意して行動すればよいでしょうか？

| 図表13-4 | アクションのレベルでの使い分け

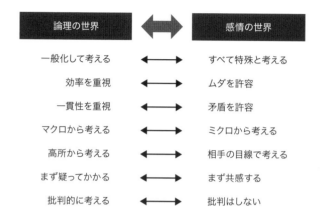

アクションのレベルでの2つの世界の違いを図表13-4に示します。

まず論理の世界は、主に本書で解説してきた「思考の世界」の行動パターンとほぼ一緒です。物事を個別具体でとらえるのではなく、一般化・抽象化してとらえ、一貫性を重視します。

マクロの視点で「上から」全体を俯瞰すること、思い込み(これがある意味で感情の産物です)を捨てて全体をとらえることが重要でした。またすべてを疑って批判的に考えることがそもそも論理として重要ということも述べました。

ところがこのような姿勢で仕事に臨んで他の人と付き合ったら、おそらく周りに誰もいなくなるでしょう。また協力してくれる人もいなくなるはずです。人は「論理だけ」では動かないからです。

効率化を追求することで、感情に訴えて人を動かすとは

まったく逆の方向に行くことがあります。それは「効率を重視」するほど、「感情への配慮」が欠けることになりがちだからです。

例えば誰かからメッセージをもらう場面を想定しましょう。

・手書きの手紙と電子メール、どちらが効率的でしょうか？
　またどちらが心を打つでしょうか？
・標準テンプレートのコピーと個別に書かれたもの、どちらが効率的でしょうか？
　またどちらが心を打つでしょうか？

この問いを考えてみれば、合理的かつ効率的であればあるほど感動は少なくなり、一見無駄で非効率であればあるほど人の心を打つ感動的なものとなることがわかるでしょう。

ここまで述べてきた感情の世界は、キーワード20の「地頭力」で触れる、地頭力とはある意味で補完関係にある「対人感性力」の世界とほぼ一致します。地頭力と対人感性力の座標が図表20-1で直交の関係にあるのは、本項で述べた理由によります。

このように論理と感情、両者の特徴をつかんで、使い分けることがビジネスの成否を決定する重要な要素になるのです。

【理解度確認問題】
　次の言動は論理・感情、どちらを考慮したものでしょうか？
1．「これまでの付き合いは関係ありません。とにかく安いサプ

ライヤーを選びましょう」
2．「あなただけにしかできない仕事です」
3．「ダラダラ話さずに結論を先に言ってください」
4．「今日は何時間でも愚痴に付き合いますよ」

【応用問題】

次の場面で、論理と感情をどのように使い分けるべきでしょうか？

また実際にはどのようなアクションが有効かをこの視点から考えてみてください。

プロジェクトの計画をリソースやコストなどを考慮して策定する段階と、それを実行に移すために参加メンバーに対してモチベーションを上げる施策を実行する段階。

## キーワード 14 川上と川下

# 「自ら考える力」は使いどころを見極める

**WHAT** 考えるのが必要なところと必要でないところ

「自ら考える力」を語る上で欠かせない視点は、「どういう場面で特に必要か？」という視点です。本項ではそれを川上と川下という構図で示します。まずは川上と川下の定義から入りましょう。

川上、川下という言葉は言うまでもなく川の流れの上流と下流から来ています。仕事でも日常生活でも、何か新しいことを考えて、それが徐々に軌道に乗って形になり、実行されて結果となるプロセスは川の流れにたとえることができます。

川の上流は水が少量ですが流れが速く、また川底の岩は大きくゴツゴツと尖って各々の形に特徴があります。下流に行くにしたがって水量は増えますが緩やかな流れになります。岩は流れに揉まれるにしたがって小粒で大きさも形も似たような石から砂へと変わっていきます。

| 図表14-1 | 川上と川下の特徴

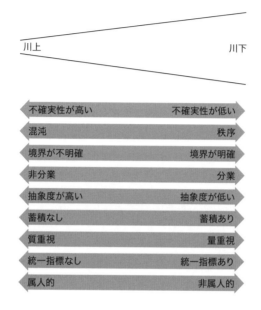

これはまさに仕事の川上と川下でも同じように当てはめて考えることができます。

新たなプロジェクトを構想したり、商品・サービス、ビジネスモデルを考えたりするコンセプトづくりや企画の段階が川上となります。一方、コンセプトやビジネスモデルが確立して、それを具体化、実行する段階は川下となります。

川上から川下へと流れる川の流れを変えられないように、仕事の流れも逆に変えることはできません。

仕事の流れも不可逆的であるという性質は、およそどの仕事にも当てはまります。

川上と川下の違いを図表14-1に示します。

思考力が重要になるのは、特に川上側においてです。逆に川下側は定型化される度合いが大きくなるため、もともと機械化することが必須の領域でした。今後は、AI（人工知能）の発達によって、これまで以上に急速に機械化が進んでいく領域になっていくはずです。

言い換えると、川下のオペレーションは人間がやらなくてもいいことであり、AIのほうが正確かつ効率的にできる仕事になりつつあります。一方、川上のイノベーションにこそ人間の考える力が必須であり、その重要性が高まっているのです。

### WHY　使いどころを間違えてはいけない

20世紀後半は「日本の繁栄の時代」だったと言ってもよいでしょう。自動車や電機を中心とする製造業が世界をリードし、時価総額上位企業の多くを日本企業が占めていたのはもはや昔話になりつつあります。

この成長の背景には、日本人の得意分野が見事に川下側にはまっていたことが挙げられます。川下の「ある程度、原型が出来上がっているものの品質や完成度を上げて大量生産する」という日本が得意とするビジネスモデルと時代が合致していたのです。

ところが21世紀になってからはこの構図がものの見事に崩れ、時代のニーズは「川上側」にシフトしてきました。このような時代には、先に強みであったことが、すべて弱みとなってきます。その典型的なものの一つが「ルールを遵守し、他人に同調して一斉に同じことをする」という特性でした。

決められたルールに固執するのも他人と同じことをするの

も、思考力にとってはむしろ「最大の敵」です。

つまり、川上であれ、川下であれ、どちらかの能力を発揮するためには、それに合う環境がセットにならなければいけないのです。

実際は、川上側で「自ら考える」人は少数派で、周りから理解されにくいということがあるでしょう。

なぜ、ルールに素直に従わないのか？

なぜ、他人と違うことをしたがるのか？

なぜ、空気を読まないのか？

このように見られて、疎外感、孤独感を味わっている人もいるのではないでしょうか。

ほぼ例外なく変革やイノベーションが課題となっている日本企業は、こうした少数派を疎外しようとするのではなく、むしろその「尖った個人の発想」を生かす環境を作る必要があります。

また「自ら考える」人たちも、自分が少数派であることを自覚して、多数派の「川下側」の秩序重視の価値観を理解して、振る舞い、行動することで、居心地の悪さはだいぶ解消されるでしょう。

川上と川下を意識することと、その使い分けが必要な理由はそこにあります。

## HOW 「いまどちらの話をしているか？」を考える

本書で主張している「自ら能動的に考える」という、ある意味で当たり前のことであっても、それは時に大企業のような確立された組織においては害悪に変わります。

「とにかく上に言われたことをやる」という場面がビジネスの現場ではむしろ多数派だし、逆に本当に社員全員が（上司や会社の方針を）「疑ってかかって」個性的な発想をし始めたら組織の秩序が維持できなくなります。

先述のとおり、川上側の「自ら考える」人たちは少数派であり、川下側の多数派中心の価値観で世の中や企業は動いているという前提で、川上側と川下側の視点を使い分ける必要があります。

川上と川下、それぞれの視点や価値観が求められる状況を見ていきましょう。

・川上の長期計画、川下の短期実行

川上の長期的な戦略を考える上で必要なのは「考える力」です。川下の実行の場面では、考えすぎずに、とにかくやってみること。短期的に結果を出したい場合も、とにかく実行が求められます。

・川上のイノベーション、川下のオペレーション

ゼロから新しいものを生み出すイノベーション、新たなコンセプトづくりなどは、不確実性が高い、「やってみなければわからない」もので、個人の能力に依存する属人的なものです。

一方、「80点のものを90点、100点にする」オペレーションにおいては、与えられた問題に対して、組織一丸となって取り組むことが、目標とする指標を達成する近道となります。

・川上の変革期と川下の安定期

イノベーションの重要性が高まるのは、社会や組織に変革が

必要なときです。変革が必要→新たな仕組みの構築→川上の視点の出番です。

一方の安定期には、決まった仕事をこれまでどおりの手順で進めればよいわけですから、川下の視点で分業して、量を追っていけばいいわけです。

世の「どちらがよいか？」（「フラットな組織か、階層型組織か」「ほめるべきか、しかるべきか」など）には、ほとんどの場合、「それはどういう場面なのか？」の議論が欠落しています。「どちらが正しいか？」ではなく、「それはどういう場面なのか？」のほうが重要なことが多いのです。

このような「どちらが正しいか？」というのも思考力を欠いた「正解型」の発想と言えます。

川上側の「自ら考える力」を身に付けてほしい、というのが本書で繰り返し述べているメッセージではありますが、その使いどころは「状況次第である」ことにも注意が必要です。

【理解度確認問題】

次のうち、どちらが川上でどちらが川下を象徴的に表す言葉でしょう？

1．属人的と非属人的（仕事が特定の人に依存するかどうか？）
2．大企業とスタートアップ
3．問題発見と問題解決
4．混沌と秩序
5．「全員底上げ」と「上位を引き上げる」

## Chapter 2　二項対立で考える

### キーワード 08　二項対立

「抽象化」において必須の概念で、たとえば「西と東」のように両極を定義することで、一つのものの見方の「座標軸」を提示します。

### キーワード 09　因果と相関

因果とは、原因と結果、またその一方向の関係を表します。相関とは、2つの事象が単純に関わり合っていることを意味します。

### キーワード 10　演繹と帰納

論理を展開するための典型的な2つの手法で、演繹は「そう決まっているから」、帰納は「多くがそうだから」という推論の方法です。

### キーワード 11　発散と収束

情報やアイデアを出すのが発散、まとめるのが収束です。発散と収束の成否がアウトプットの品質を決めることになります。

### キーワード 12　論理と直観

地頭力のベースとしての両輪となるもので、仮説思考力、フレームワーク思考力、抽象化思考力のいずれも、論理思考と直観の両方が必要です。

### キーワード 13　論理と感情

「計画を立てる」場面では「論理」が重要、「施策の実行で『人を動かす』」場面では「感情」が重要など、うまく使い分けをすることが重要です。

### キーワード 14　川上と川下

川下のオペレーションはAI（人工知能）の得意とする仕事であり、川上のイノベーションにこそ人間の考える力が必須となります。

Chapter

# 3

# コンサルタントのツール箱

# コンサルっぽい見せかけだけでなく、「魂を入れる」ことができるか

　特に日本におけるロジカルシンキングや戦略的思考の普及に大きな役割を果たしたのが、マッキンゼーやボストン コンサルティング グループ（以下BCG）を代表とする戦略コンサルティング会社です。

　ロジカルシンキングの話になると必ずと言ってもいいぐらいにセットで出てくる用語である「MECE」、「ピラミッドストラクチャー」はマッキンゼーの関係者によって広められたものです。

　また、第1章の戦略的思考やフレームワーク思考における「プロダクト・ポートフォリオ・マネジメント（PPM）」（BCG）、「3C分析」（マッキンゼーの大前研一氏）といった手法も同様にコンサルティング会社の関係者による著書等で広まりました。

　面白いのは、もともとが「外資系コンサルティング会社」が広めたはずの方法論は、海外よりもむしろ日本でより普及していることです（英語で書かれた関連著作を見渡しても日本ほど「MECE」や「フレームワーク」が多用されているところはないように見えます）。

　この第3章では、このような「コンサルタントやコンサルティング会社発」の概念やツールのうち、思考を語る上で外せ

ない必須のものを取り上げます。

　まずは問題解決をする上での基本的な姿勢として、ロジカルシンキングと両輪としてとらえられる「ファクトベース」の考え方を紹介します。続いてはロジカルシンキングを語る上で欠かすことのできない「MECE」、「ロジックツリー」について解説します。

　そして、コンサルタントの作る資料に必ずと言ってもいいほど登場する「2×2マトリックス」の必要性や作成方法について、最後にコンサルティング会社や外資系のIT関連企業の面接試験で用いられることで有名になった「フェルミ推定」を紹介します。

　いずれのツールも、何となくこれを使えば「コンサルタントっぽく見える」ことでロジカルシンキングを実践しているように見せることができるかもしれません。しかし、あくまでもこれらは思考力を鍛え、実践する上での「ツール」です。

　それゆえ、「なぜ、これらを使う必要があるのか」を理解した上で、そこに「魂を入れる」ことができるレベルにまでなることが目標となります。

キーワード
# 15 ファクトベース

## 「みんな言ってる」って、どこの誰がいつ言ったのか？

**WHAT** 「主観的な解釈」は外して考える

ファクトベース思考とは、文字どおり「ファクト（事実）に基づいて考える」ということです。

ここでいう「ファクト」とは、「主観による解釈の相違が起こらない客観的なデータ」を指します。客観的であるということは、そこに人によって異なる「解釈」が入っていてはいけないということです。

結果としてそれは「数字」であり、「事実」ということになります。数字については比較的定義としてわかりやすいですが、「事実」については補足が必要でしょう。

ここで重要なポイントは「事実と解釈を切り分ける」ことです。私たちが身の回りの事象を認識したり、表現したりする際には無意識のうちに事実と解釈を一緒にして話しています。

ファクトとはその「事実と解釈」の中から「主観的な解釈」

| 図表15-1 | 認識は、事実に解釈が加わっている

をとりさったものです。

例えば、「課長が激怒していた」というのは事実でしょうか？ それとも解釈の入った認識でしょうか？

「激怒している」というのは人によって見方が違う可能性がありますから、本人にしてみると、単に「情熱的に」語ったのかもしれません。

例えば、これをそのような「解釈」を排除した事実として語るのであれば、「課長は机をたたきながら大声を出していた」とでも表現できるでしょうか？

もしかしたらその課長は、情熱的に部下を鼓舞するためにそうしていただけなのかもしれないのです。

### WHY 「1億円」は大きいか、小さいか？

ここで、「主観的な解釈」とはどういうことなのか、数字の解釈が人によって異なることを改めて確認してみましょう。例えば「1億円」という数字は「大きい」でしょうか？ それとも「小さい」でしょうか？

・従業員3人のスタートアップ企業から見れば「大きい」が、従業員5万人の大企業から見れば「小さい」
・交際費として見れば「大きい」が、全社の売り上げとして見

れば「小さい」
・昨年の数字が1000万円だとすれば「大きい」が、昨年が10億円だとすれば「小さい」
・一社員にとっては「大きい」が、社長にとっては「小さい」

 といった具合に、「大きい」「小さい」は、状況や主観によって変わるものです。同様に「強い」「弱い」「儲かっている」「儲かっていない」など、日々の業務で使われる言葉はすべて主観的な判断によるものです。
 このような認識の違いは、立場や経験の違いによって生じます。したがって、主観的な解釈を外してファクトで語ることが、そのような「暗黙のすれ違い」を極力排除することに役立てられるのです。

 あるいはこのようなことはないでしょうか？ 海外駐在者から「現地のほとんどの人が賛成している」と聞いた施策を実行したら、他ならぬその現地の人たちから猛反対された。
 似たような表現に「そんな人はいない」とか「まわりの人は皆…」といったものがありますが、このような意見は往々にして自分にとって都合の良いものだけが聞こえてきてしまうために（確証バイアスと言います）、人は実態と異なった認識をしてしまいがちだということです。

### HOW 「ファクトベース」はロジカルシンキングの前提

 このように、思い込みにとらわれない意思決定をするためには「ファクトベース」で語ることは必須となります。したがっ

| 図表15-2 | ロジカルシンキングは、ファクトとロジックに分解できる

```
┌─────────┐   ┌─────────┐   ┌─────────┐
│ ロジカル │ = │ ファクト │ + │ ロジック │
│シンキング│   │         │   │         │
└─────────┘   └─────────┘   └─────────┘
```

て、これはロジカルシンキングの前提条件となるものです。

第2項で挙げたロジカルシンキングですが、それを因数分解してみましょう。こんな形に分解することができます。

ロジカルシンキングでは、ファクトが「材料」でロジックがその「つなぎ方」に相当します。ファクトはロジカルに考えるための重要な構成要素であるということです。

これら2つが満たされて初めて、ロジカルシンキングが成立するのです。


また、私たちはさまざまな思い込みにとらわれ、日々の事象を無意識のうちに何らかのバイアスを持って見ています。

もちろんこれは悪いことばかりではないというのは、繰り返し述べているとおりですが、ビジネスにおける意思決定に際しては単なる思い込みが障害になります。

私たちは日々の事象をどうしても主観的にとらえ、見えている範囲で希望的観測をしたり、逆に必要以上に悲観的に考えたりしてしまいがちです。

例えば、以下のようなことはないでしょうか。

・「最近景気が悪くなってきたから広告費を減らそう」(本当に景気が悪くなってきたのか？　そもそも「景気が悪い」ってどういうことなのか？)

・「A君が得意先の心をつかんでいるから売り上げが上がっているようなので、ボーナスをアップしよう」(心をつかんだ結果、具体的にどんな事実が生じているのか？)

　このような曖昧な認知、思い込みによって意思決定をするのは、ファクト（事実）に基づいていないだけに、説明にも困るし、本当にそれらが有効な施策であるかについても明確な論拠となるものが何もありません。
　ファクトとは、「いつ」「どこで」「誰が」をできるだけ具体的に、例えば固有名詞や数字で表現したものです。ここでは解釈の自由度が広がってしまう抽象的な表現をできるだけ避けることが重要になります。
　ファクト（事実）に基づくファクトベース思考によって、思い込みにとらわれることを避けるのです。

【理解度確認問題】
　以下の発言のうち「ファクトベース」になっているものはどれでしょうか？
1. 日本人はディスカッションが苦手だから会議のやり方を変えた方が良い
2. 海外進出への障害は英語が大変なことだと駐在員の皆が言っているので英語学習に会社から補助を出そう
3. 顧客A社営業3課の佐藤課長が競合B社の製品の方が弊社より20%スピードが速くてユーザーの作業効率が向上すると言っていたので、対策を開発部と考えよう

【応用問題】

以下のような状況で、客観的な判断が必要な場合には、どのようなファクトを集めてどのように状況を記述すればよいか考えてください。

1. 経費が膨らんできたので、来年は抜本的な見直しをしよう
2. Aくんはとても頑張っているから待遇をよくしてあげよう

キーワード
# 16 MECE

# 「マッキンゼー流」の十八番(おはこ)

**WHAT** 「モレなく、ダブリなく」＝全体を部分に分解する

ビジネスで用いられるロジカルシンキングの代表的ツールや概念の中でも特に有名で浸透している言葉が、この「MECE」でしょう。

文字どおりの意味は「Mutually Exclusive and Collectively Exhaustive」で、日本語で簡単に表現すると「モレなく、ダブリなく」ということになります。読み方はなぜか「ミッシー」が最もポピュラーで「ミーシー」とも読まれます（この言葉を最初に使い始めたと言われるマッキンゼー社のバーバラ・ミント氏自身は「ミース」に近い発音をしていると発言しています）。

またこの言葉、英語であるにもかかわらず、なぜか日本での浸透度が高いのは、日本におけるコンサルティング方法論の一般ビジネスパーソンへの幅広い普及によるものと言えるでしょう（書籍等も含めて、海外での書籍やビジネスの現場等でも日

| 図表16-1 | MECEと非MECE（イメージ）

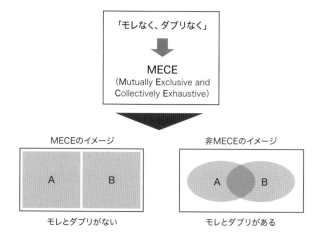

本ほど目や耳にすることは多くないように思います)。

そうは言っても、この「モレなく、ダブりなく」という概念、論理の世界では極めて重要で「基本中の基本」です。ビジネスの現場で必須なのは間違いなく、中学校や高校でも必修項目として習得しておくべき概念だと思います。

まずはMECE＝「モレなく、ダブりなく」である分類とMECEでない＝「モレとダブりがある」状態のイメージを図示しておきましょう。論理学でおなじみの「ベン図」で表現します（図表16-1）。

図表16-1の左下が「モレなく、ダブりない」分解のイメージで、右下が「モレとダブりがある」分解のイメージです。

これらの具体例を図表16-2に示します。

MECEでない事例では、両方に当てはまる（スポーツも音楽

図表16-2 「MECEな分類」と「MECEでない分類」の例

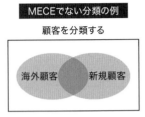

も好き）人もいれば（図の中央の重なり部分）、両方に当てはまらない（スポーツも音楽も好きでない）人（図の輪の外側の部分）もいるという点で「モレとダブリがある」分解の仕方になっています。

### WHY　無駄な作業や後戻りが減る

　MECEは基本的に「全体を部分に分解する」ための方法論です。したがって、後述する「ロジックツリー」とセットで用いられることで具体的な威力を発揮します。問題の原因や具体的な解決策を「モレなく、ダブリなく」考えることで無駄な作業や後戻りが減って、効率的に仕事を進めることができます。

　逆に言うと、私たちが特にこのようなことを意識せずに「思いつくままに」仕事を進めていると、それは無駄で非効率的なことだらけだということです。

　例を挙げましょう（意図を伝えるために設定は単純にします）。
　グローバルに製品を販売している会社が、製品の売り上げの低迷を受けて次年度に向けての施策を検討するとします。ここ

で「アジア市場のテコ入れが課題だ」という意見と「競合に対しての価格競争力をつけるためにコストダウンが必要だ」という2つの施策が出てきたとします。

施策を具体化するために各々に「ヒト・モノ・カネ」という経営資源を割り当ててプロジェクトチームを結成して先に進めてみると、実際には「アジア市場で重要なのはコストダウン」であって、「コストダウンの実施後に狙うべき最重要地域が東南アジア市場」であったことがわかり、実は両方のチームは同じことをやっていたことが後になってわかるといった非効率な作業が発生する可能性があります。

あるいは逆の「モレ」の事例でいくと、検討を進めていくうちに実はさらに問題があるのは米国市場での品質であったことが「後から」発覚し、慌ててまた別のプロジェクトを発足しなければいけなくなったといった事態も考えられます。

先の事例が「ダブリ」による非効率だとすれば、今度はヌケによる非効率な事象の事例です。

### HOW　MECEな分類で課題を抽出

このようなことを最小限にするために、最初の作戦を考える場面では極力MECEを意識した全体像を考慮に入れておく必要があるのです。

すなわち、最初の段階で、「製品の売り上げ低迷」の要因と考えられる要素をMECEに分解してみます。「QCD」の分類を用いて「品質」（Q）の問題なのか、「コスト」（C）の問題なのか、「納期」（D）の問題なのか。さらに、この3つの問題のそれぞれがどの地域で起きているのか。アジア、南北アメリ

カ、ヨーロッパ、アフリカ、オセアニアの5つに分けて、それぞれについて調査、確認します。

3つの問題（の可能性）を縦軸に、5つの地域を横軸にしたマトリックスでMECEに確認、検討することで、「アジアでコストが問題になっている」→「アジアでのコスト改善が最重要課題」という課題が浮かび上がってくるのです。

普段から論理的に考えている人は、発言や作成する文章が自然にMECEに分類されており、説明やプレゼンテーションが理路整然としていることが多いと言えます。

これは単なる偶然ではなく、MECEで考えるためには「全体をとらえる俯瞰的な視点が必要である」ことと深く関係しています。

さまざまな事象をMECEに分類するためには、それらの分類を「すべて一緒に」全体感を持って抽出することが必要だからです。逆に分類を一つひとつバラバラに考え出すと、それらの集合体はMECEでない可能性が非常に高くなります（思いつきで物事を進めがちで、かつ主観が強い人にこの傾向が見られます）。

日常生活でMECEで考える癖をつけるには、日々目にする、ありとあらゆる分類がMECEであるかどうかをチェックしてみるとよいでしょう（あるいは、逆にMECEでない分類をMECEにするにはどうすればよいか、と考えてみるとよいでしょう）。

**【理解度確認問題】**

以下の分類はMECEかMECEでないかを考えてください。
(B2C（個人顧客向け）のビジネスの顧客を分類する場面を想定して)

1. AmazonユーザーとFacebookユーザー（MECE or Not MECE）
2. 一日に平均3杯以上コーヒーを飲む人と3杯未満の人（MECE or Not MECE）
3. 成年と未成年（MECE or Not MECE）
4. 高齢者とネットユーザー（MECE or Not MECE）

**【応用問題】**

ファストフードレストランの来店顧客を
①MECEな分け方で
②MECEでない分類で
2とおりに分解してみてください。

# キーワード 17 ロジックツリー

## 「形から入る」ことで論理が身に付く

**WHAT** ロジック（論理）をツリー構造で表す

いかにも「コンサルチック」なチャートの代表がこの「ロジックツリー」です。

ロジックツリーとは文字どおり「ロジックを」（ロジカルに）表現したツリー構造の図のことで、具体的には、図表17-1のようなものです。

ロジックツリーとは、何らかの課題に対しての解決策の①全体像を網羅的に、②ツリー構造で、③要素間の関連性を表現した図解の方法です。

これによって論理的かつ網羅的な表現が可能になります。

ツリーの形としては、図表17-1のイメージ図のように左から右（右から左）に広がった「横型」もあれば、上から下に広がった「縦型」もあります。

ロジックツリーは、フレームワークやMECE等のキーワードを具体化するツールとして用いられます。

| 図表17-1 | ロジックツリーのイメージ

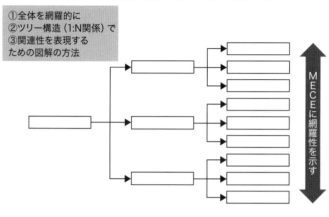

### WHY 「形から入る」ことで論理的に表現する

ロジックツリーを作ることのメリットには、以下のようなことがあります。

- （本書で繰り返し述べてきたような）思考の癖に気づき、盲点を発見できる
- 知識や情報量が十分にない分野でも効率的に全体像を作ることができる
- 全体像を見ることで個別の要素の優先順位付けが容易になる
- 上記によって他者との情報共有やそれを基にした議論がしやすくなる

「論理的に考える」ことは得意な人にとっては何でもない（むしろ非論理的に考えるほうが難しい）ことなのですが、逆に不得意な人にとっては、「どこが論理的でないのかがわからない」ことが多いようです。

　これはまさにChapter 5で詳しく述べる「無知の知」の話であり、「論理的でない」ことより「論理的でないことがわからない」ほうが大きな問題です。また、「論理的でない自分」を客観的に見られるかどうか、という「メタ認知」にもつながる話です。

　ロジックツリーとは、さまざまな課題に対して「まず形から入る」ことで、無理矢理にでも誰にでも理解できる論理的な表現をしてしまおうということです。したがって、論理的に表現するのが不得意な人は、「騙されたと思って」まずは形から入ってみることも有効だと思います。

　「形から入っているうちにいつの間にかそれが自然に身に付く」のは、スポーツやさまざまな習い事でもよくあることでしょう。本項の例題も含めて職場の課題をロジックツリーで整理してみることをおすすめします。

　例えば、以下のような課題はどうでしょうか？

・効率化のための「新しい働き方」を考えてみる
・コストダウンの施策を考えてみる
・売り上げを向上させる施策を考えてみる

　これまでであれば、最初のいくつかの思いつきのアイデアで止まっている課題があるのではないでしょうか。得意分野であ

ればさまざまなアイデアが出せるが、あまり土地勘のない分野だとどこから話を始めればよいのか、さっぱりわからないということもあるでしょう。

そのような場面で、まずはロジックツリーを作ってみれば、さまざまな視点を得ることができるでしょう。

### HOW 目的によってさまざまなツリーを活用

ロジックツリーには、目的に応じてさまざまなタイプがあります。ここでは3種類のツリーの活用方法を紹介します（図表17-2）。

1．原因を深掘りするためのWhyツリー

トラブルが起こったときにその原因を網羅的に追求するためのツリーで、製造や開発の現場などでよく用いられます。一つの結果である事象に対して、複数の原因の可能性をMECEで網羅的に辿っていく方法で、N段目とN＋1段目の関係は「なぜ？」で接続されます。

2．全体を部分に展開するためのWhatツリー

例えば顧客セグメンテーションをするなど、全体を部分にMECEに分解して各々の施策を抽出するといった場面で用いられます。視点のモレをなくし、思い込みを排して客観的に全体を眺めてみる場合などに用いることができます。

3．目的に対する手段や施策を抽出するためのHowツリー

例えばコストダウンのような一つの目的に対しての打ち手を

図表17-2 「Why」「What」「How」のツリー（例）

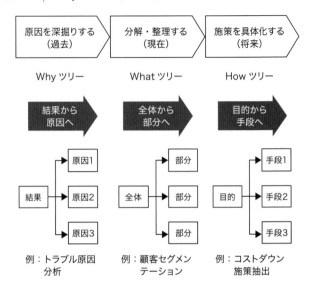

網羅的に抽出するような場面で適用することができます。良くも悪くも経験則に基づいた「結論ありきの施策抽出」を疑ってかかり、思い込みを排して「そもそもやるべきことの全体像」を抽出したいときに役立ちます。

このように、ロジックツリーにはさまざまな応用範囲がありますので、業務の必要性に応じて適切なツリーを定義して活用していくことが重要です。

【理解度確認問題】
ロジックツリーに必要な条件でないものはどれでしょうか？
1．対象の全体を網羅する

2. 左から右の横方向にツリーを並べる
3. MECEで広げていく
4. 各レベルの関係を明確にする

# キーワード 18　2×2マトリックス

## コンサルタントが好きな4象限マッピング

**WHAT**　頭の中を整理することで問題解決の糸口を探る

　コンサルタントの使う資料には、よく2×2のマトリックスが出てきます。縦と横の2軸を用意して、それらをさらに2つに分けて2×2＝4つの「象限」（＝領域）を用意します。世のさまざまな事象やデータをその4象限にマッピングすることで、そこから問題解決の糸口になるようなメッセージを導き出そうというものです。

　このマトリックスによって、もやもやしていたことが明示的に図式化されて、自分でもこのような図解や表現方法を使いこなせればと思った方も多いでしょう。

◎アナログ型とデジタル型

　実は同じように見えるマトリックスには、大きくアナログ型とデジタル型の2とおりがあります。

　これらの違いを簡略化して表したのが図表18-1です。

## 図表18-1 アナログ型とデジタル型

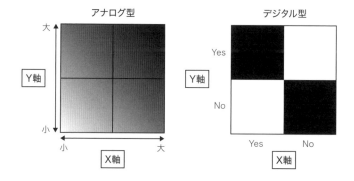

## 図表18-2 アナログ型とデジタル型の違い

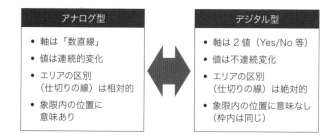

またアナログ型とデジタル型の違いを図表18-2の比較表で示します。

アナログ型とデジタル型の最大の違いは、縦軸と横軸が「連続的な数直線」で表現されるか、「不連続な2値」(○か×か、とか、YesかNoか、とか)で表現されるか、ということです。

**WHY** 「4つ」に分けることで新たな視点が見えてくる

簡単に言えば、Chapter 2で述べた「二項対立で考える」の軸を2つ組み合わせたものがこの2×2マトリックスです。考えることの基本動作が二項対立であることを考えれば、これが思考のツールとして重要なのは自ずと理解してもらえるかと思います（デジタル型は「二者択一」になります）。

では、なぜ、2×2マトリックスが必要なのでしょうか？ここでは、アナログ型、デジタル型それぞれについて、見ていきましょう。

アナログ型の代表例はPPM（プロダクト・ポートフォリオ・マネジメント）です。ボストン コンサルティング グループが開発し、もはや古典となったのがPPMのマトリックスです。

横軸に市場シェア、縦軸に市場成長率を置き、社内の各事業をそれらをもとにマッピングして各々「花形」（両者とも高い）、「カネのなる木」（シェアが高く成長率が低い）、「問題児」（シェアが低く成長率が高い）、「負け犬」（両者とも低い）の4つの領域に分けることで、戦略を決定するための判断材料とするものでした。

当然のことながら縦軸も横軸も定量的なもので、デジタルに高いか低いかが2値で分かれるものではなく、これらのマッピングは相対的なものとなります。

対してデジタル型は完全に4つの領域に明確に分けることができます。

例えばターゲット顧客を分類するのに、「スマートフォンを持っているか否か」と「紙の新聞を定期購読しているか否か」の2つのYes/Noで判断できる「軸」で分類すれば、（判断す

| 図表18-3 | デジタル型マトリックス＝ベン図

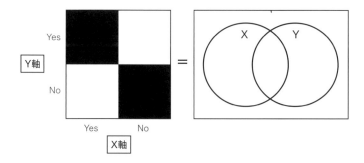

るタイミングを「◯月×日現在で」など明確に定義すれば）完全に「4とおり」に分類することができます。

ここからわかるように、実はデジタル型のマトリックスの表現は、図表18-3に示すような「ベン図」の表現方法とまったく同じです。ベン図はまさに論理学の世界で「真偽」（のように2値的に判断できるもの）の組み合わせでよく用いられるものであり、同じように（◯が2つあれば）「4つの領域に分けられる」ことから、これらが同等のものであるとわかります。

また同様に、本書で解説してきたような「ロジックツリー」でもまったく同じことが次頁の図表18-4のように表現できます。これも「全体を2つの基準で4とおりに分ける」ことを別の形式で表現したものです。

では、このような表現形式と比べて、あえてマトリックスが用いられるのはなぜでしょうか？ あるいはどういう場面でマトリックス表示が有効なのかを考えてみましょう。

デジタル型、アナログ型とも、マトリックス表示が有効なのは、ともすればX軸とY軸が一緒に論じられるところをあえて

| 図表18-4 | デジタル型マトリックス＝ロジックツリー

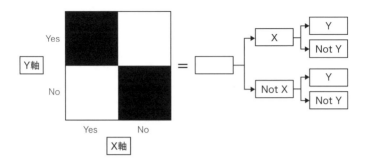

分離することで、「XであってYでない」「XでなくYである」領域を表面化させることです。そうすることによって、それまで「2つ」に分けていたものを（2領域を追加して）「4つ」にして論じることで新しい視点を導き出せることです。

### HOW　マーケティングや時間管理にも使える

例えば先の「デジタル型」の例で言えば、「若いスマホ世代は新聞を読まず、旧世代はスマホも持たず新聞を読んでいる」というざっくりとした見方に対して、「スマホを持っているが紙の新聞も読んでいる」「スマホも持たず新聞も読んでいない」という見逃しがちな視点を導き出すことができます。

そうすることで、この領域の潜在顧客に対して、例えば「紙の新聞とスマホの連動企画を考える」という視点を導くことができるのです。

あるいは、アナログ型の2×2マトリックスで有名なものに、スティーブン・R・コヴィーの『7つの習慣』で紹介されてい

る時間管理のマトリックスがあります。

　これは、私たちのすべての活動を、緊急度と重要性という2つの軸によって4つの領域に分けるものです。

　すなわち、「緊急／緊急でない」「重要／重要でない」の組み合わせで活動を分類することで、自分が取り組むべきことの優先順位が見えてきます。

　「重要で緊急」なのは、「締め切りのある仕事」「クレーム処理」「病気や事故への対応」などで、「重要だけれど緊急でない」のが、「人間関係づくり」「勉強や自己啓発」などが考えられます。

　例えば、自分の1週間の時間の使い方をこのマトリックスに当てはめてみれば、「重要だけれど緊急でない」活動である勉強は怠けている、というようなことに気づくのではないでしょうか。

【理解度確認問題】
　次のうち、2×2マトリックスに関する記述で間違っているものはどれでしょう？
1. 一般に相関があると思われる2つの変数に相関がない場合を想定する
2. X軸とY軸として、2値（Yes/Noなど）で表現するデジタル型と連続的な数直線（売上や利益）で表現するアナログ型がある
3. マトリックスにさまざまな項目をマッピングした際に「右上と左下」や「右下と左上」のように斜めの2箇所に集中するのが望ましい

キーワード
## 19 フェルミ推定

# なぜコンサル、外資系金融の面接試験の定番なのか？

**WHAT** シカゴにピアノ調律師は何人いるか？

コンサルティング会社や外資系金融機関の面接試験の定番と言われるのが「フェルミ推定」です。

・日本全国に電柱は何本あるか？
・世界に犬は何匹いるか？

このように、一見荒唐無稽に見えるような、膨大な、つかみどころのない数量を限られた時間で推定する手法です。

フェルミ推定という呼び名は、物理学者エンリコ・フェルミに由来します。彼は理論と実践の両方に秀で、稀代の天才と呼ばれました。イタリアに生まれ、後にアメリカに渡ってノーベル賞につながる研究を行うとともに、シカゴ大学で教鞭をとりました。そこで学生たちに「シカゴにピアノ調律師は何人いるか？」といった問題を投げかけていたと言われています。

フェルミ推定は、外資系のコンサルティング会社やマイクロソフト、グーグルといったIT企業の採用面接試験で用いられてきました。それはフェルミ推定によって試される「思考力」がこのような会社で必要とされ、採用に際して重視されているからです。

### WHY 仮説検証に求められる「フェルミ推定的」な考え方

　もちろんビジネスのあらゆる場面で、このような「ざっくりとした概算」(やその基になる思考) が求められるわけではありません。会社の公式の貸借対照表や損益計算書を、このような精度で出しても何の意味もないことは明白です。

　フェルミ推定のような思考が求められるのは、一言で表現すると仕事の「川上」つまり、事業や商品・サービスの概要やコンセプトを考えるような状況で、何らかの意思決定をするような場面においてです。仕上げや最終チェックのような「川下」の仕事で必要なのは、これまでに培ってきたノウハウ=知識力になります。

　変化の激しい環境下で限られた情報と時間の制約の中で、まずは仮説を立てて、次のアクションを起こして実行につなげる。そこでまた仮説を検証するという一連のプロセスの中で、「フェルミ推定的」な考え方が強く求められるのです。

　フェルミ推定的な考え方は、AI・ビッグデータ・IoTによって「第4次産業革命」と呼ばれる時代となって、さらに重要性

が増してきています。

このような時代に取り上げられる思考法として「デザイン思考」があります。デザイン思考の特徴の一つとして、プロトタイプ（試作）を多頻度で繰り返すことが挙げられます。

この観点から言えば、フェルミ推定はいわば「思考のプロトタイプ」とも言えるでしょう。

完成品と比較したプロトタイプに求められる要件として以下が挙げられます。

・完成度は低くても全体像を作ること（逆に「一部だけ完璧」でも意味がない）
・次のアクションのためのさまざまな課題や問いを提示すること

これらは、まさにフェルミ推定において求められることと一致します。

もう一つには、デジタルトランスフォーメーションと呼ばれるICT化の進展に伴う商品・サービスやビジネスモデルの抜本的かつ迅速な変化があります。そこでは、仮説検証を繰り返す仕事のやり方が有効である場面が増えてきています。従来の「完璧に準備をして完全な商品やサービスを作り上げてから市場に投入する」という状況下では、完璧主義が功を奏す場面が多かったことに比べると対照的です。

さらに、IoTという「すべてのものがネットにつながる」世界がもたらしている変化があります。そこでは、これまで荒唐無稽な質問だった「世界に信号機はいくつあるか？」「世界に

コンセントはいくつあるか？」といった問題が、現実的に「それらすべてにセンサーがついたらどのようなビジネスにつながるのか？」といった問題になっていくからです。

従来、思考のトレーニングツールという意味合いの強かったフェルミ推定が、現実的にも役に立つ場面が増えてきたのです。

### HOW 重要なのは「正解」ではなく「思考プロセス」

では、コンサルティング会社などの面接試験での「フェルミ推定問題」では、具体的にどのような解（回）答が求められるのでしょうか？

別の言い方をすれば、面接官は応募者の何を見ているのでしょうか？

まず大前提として、たいていのフェルミ推定には唯一の「正解」があるわけではありません。これが受験や資格試験で典型的な「知識を問う問題」との決定的な違いです。

もちろん、あまりに実態と異なる数字が出てきてはまずいですが、重要なのは「答えに至るまでの思考プロセス」であり、「おおよその桁数」が算出できていれば答えそのものに重要性があるわけではありません。

では、その「思考プロセス」としてどのようなことが面接でチェックされ、また思考のトレーニングツールとして使えるのか、フェルミ推定における主なチェックポイントを挙げましょう。

・「知らない」とあきらめずに、知っている情報だけで何とか仮説を作り上げる

「正解病」＝知識力の価値観に染まっている人が陥りやすい最大の落とし穴は、十分に情報や知識がない状況では「そんなことわかるわけない」とか「情報が少なすぎる」とか言って、すぐにあきらめてしまうことです。

仮説思考の項目で記述したように、重要なのは「いまある時間と情報でまずはなんとかしてみる」という発想です。

・完璧主義を捨て、とにかく全体像を作り上げる

「とにかく答えを出す」ためには、完璧主義を捨てる必要があります。実際にフェルミ推定で答えまでたどり着けない最大の原因は、「こんな答えを出しても意味がない」と勝手に思い込んでしまうことです。

前述のとおり、フェルミ推定の目的は「答えそのものを出す」ことよりも、解答算出のためのロジックの全体像を作り上げて、「何がわからないのか？」あるいは「何を知れば実態に近づけられるのか？」を明確にして最終的な意思決定につなげることだからです。

・単なる当てずっぽうではなく、「根拠のある当てずっぽう」とする

知識型の思考回路が強い人は、直接の知識がなくて無理やり答えを出そうとすると、いきなり「単なる直感」で何かの数値を出してきますが、そこには何らかの「理由」や「根拠」がなければなりません。ここには論理性のチェックが含まれています。

「論理的である」とは「飛躍がない」ことで、一つひとつの数字に対して「なぜその数字が出てきたか？」の説明が必要となります（そこには前述のとおり、さまざまな「前提条件」が置かれていてもかまいません）。

---

【理解度確認問題】

次のうち、フェルミ推定に取り組む姿勢として相応しいものはどれでしょう（複数選択可）？

1. 精緻な解答を導く
2. ラフでも全体像を作り上げる
3. 知っている情報だけで仮説を導く
4. 基本的な知識の習得に用いる
5. 「根拠のある当てずっぽう」を導く

【応用問題】

以下のフェルミ推定の問題を考えてみてください。

1. 日本全国にマンションは何棟あるか？
   （地図上での分布を考える。人口当たりで考える）
2. 世界に椅子は何脚あるか？
   （利用者の数を用途別かつ地域別に算出するのが無難なやり方でしょうか？　その他のやり方もなるべくたくさん考えてみてください）

# Chapter 3 コンサルタントのツール箱

### キーワード 15　ファクトベース

「ファクト（事実）に基づいて考える」とは「事実と解釈を切り分ける」ことで、思い込みにとらわれない意思決定が可能になります。

### キーワード 16　MECE

問題の原因や具体的な解決策を「モレなく、ダブリなく」考えることで、無駄な作業や後戻りが減って、効率的に仕事を進めることができます。

### キーワード 17　ロジックツリー

「ロジックを」（ロジカルに）表現したツリー構造の図で、さまざまな課題の全体像を論理的かつ網羅的に表現することが可能になります。

### キーワード 18　2×2マトリックス

縦と横の2軸をさらに2つに分けて2×2＝4つの象限を用意し、さまざまな事象やデータをマッピングすることで問題解決の糸口を探ります。

### キーワード 19　フェルミ推定

「シカゴにピアノ調律師は何人いるか？」というような問題に対して、情報や時間が限られる中でも仮説を立てて推定する思考法です。

Chapter

4

AI（人工知能）vs. 地頭力

# AIではなく、人間ならではの知的能力の使いどころがある

　『地頭力を鍛える』が話題になった2008年頃は、iPhone発売直後のスマートフォンの黎明期でした。検索エンジンの急速な普及とインターネット上での情報爆発によって、単に検索すれば出てくる情報の価値がなくなり、考える力としての地頭力が重要になるというのが、この本のキーメッセージの一つでした。

　それから10年余りが経過して、現時点で人類の発展に最もインパクトがあると考えられる技術がAI（人工知能）です。検索エンジンはさらなる進化を遂げ、ビッグデータによる予測なども加わって、知識量だけで勝負する作業や仕事におけるAIの優位性は圧倒的なものになっています。

　このような時代に、自ら能動的に考えて問題そのものを発見・定義し、解決していく力はさらに重要性を増していると言ってよいでしょう。では、そのAIと比べた人間の知的能力の使いどころは、どこになるのでしょうか？

　それを、さまざまな比較で見ていくのが本章です。

　『地頭力を鍛える』の刊行当時、コンサルティング業界や人事の採用の世界では「地頭が良い人を採用したい」というようなことは言われていたものの、「地頭」という言葉は一般にはなじみがなかったと思われます。

『地頭力を鍛える』で「地頭力」を定義し、それが普及したことによって、コンサルティング業界以外にもこの言葉が広まったと言えるでしょう。もちろん、この定義は絶対的なものではありませんが、それまで曖昧に語られていた知的能力や思考力について「要するに何なのか？」を提示して、本書で紹介する思考に関するキーワードとの関連を明確にしています。

　さらに本章では「問題発見と問題解決」を取り上げます。広義でとらえる問題解決は、川上側の「そもそもの問題を発見し、定義すること」と川下側の「定義された問題の解を導き出す」という2つのフェーズに大きく分けられます。現状で、AIが圧倒的な優位性を示すのは後者の（狭義の）問題解決です。この違いがどこから来るのか、そして人間がこれから重点を置くべきところはどこかをここで示します。

　また「AIには何ができて、何ができないのか？」（AIが得意なことと不得意なこと）を明確にします。機械学習やディープラーニングという技術によって、AIが圧倒的な優位性を示す範囲は広がったものの、できないことや苦手な領域も多く、そこから人間が今後注力すべきことが見えてきます。

　続く各項では、そのような時代において人間が自ら考える力を発揮する領域やそのために必要な視点を提供します。抽象化能力とそれを応用するための「ビジネスモデル」の考え方、抽象化による多様な知識を活用するための「多様性」の視点、そしてそれらをビジネスに応用するための「未来予測」です。

　本章では、これから人間が注力すべきことやそれをどのように日々の生活に活かしていくべきかのイメージをつかんでください。

キーワード
## 20 地頭力

# 結論から、全体から、単純に考える

### WHAT　3つの思考力と3つのベースの組み合わせ

　地頭力の中心は、「結論から」「全体から」「単純に」考える3つの思考力です。「結論から」考えるのが仮説思考力、「全体から」考えるのがフレームワーク思考力、「単純に」考えるのが抽象化思考力です。

　拙著『地頭力を鍛える』では、この3つの思考力と、そのベースとなる論理思考力、直観力、そして知的好奇心を組み合わせて、「地頭力」の全体像としました。

　「地頭」という言葉はコンサルティング業界や人事の世界では古くから用いられて、「地頭が良い学生を採用したい」というような言い方がなされていました。

　ここで言う地頭の良さとは、「知識を詰め込んだのではなく、柔軟な思考ができて新しい分野にも短期間で対応していく力があること」を意味していたと思います。

| 図表20-1 | 3つの知的能力と「地頭力」の全体像

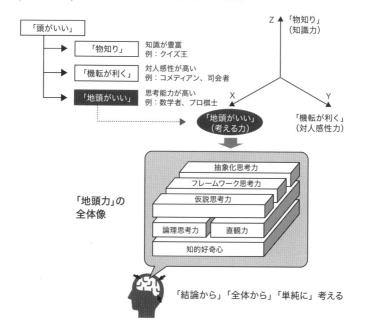

とはいえ、特に明確な定義があったわけではなく、その言葉は人によって曖昧に用いられてきました。そこで、『地頭力を鍛える』では、図表20-1に示すように「地頭力」をビジネスに必要な3つの知的能力の一つとして位置づけ、定義をしました。

まずは図表20-1の上半分、ビジネス（あるいは日常生活全般で）に必要となる知的能力を以下の3つに大別しました。

①「知識力」（業界知識や各種専門知識等）
②「対人感性力」（対人的な感情や心理を扱う能力）
③「地頭力」（自ら考える力）

ここで「3つの知的能力」を単なる羅列ではなく「3つの座標軸」という形で定義をしたのには理由があります。

　それは「地頭力と知識力」及び「地頭力と対人感性力」に直接的な相関がない（つまり「ベクトルが直交している」）ことを意味しているからです。

　要は、3つの能力のうちの一つに秀でることは他の能力と関係がないということです。


### WHY　知識力には限界があるが地頭力には限界がない

　それでは、地頭力に軸足を置く形でこれら3つの能力を比較することで、地頭力が求められる理由を明確にしていきましょう。


#### ◎地頭力と知識力との違い

　地頭力と知識力の違いを図表20-2に示します。

　過去に起こったことの集大成である知識には正解があります。頭の使い方としては、すぐに記憶を呼び戻すことができる代わりに、知識力は有限なので限界があります。

　知識の世界で重要なのは「答え」であり、専門家が強いのがこちらの領域です。

　対する地頭力の世界は基本的に未来志向で、正解やプロセスも一つには収まらず、無限の可能性を秘めています。

　答えより問いが大事な問題発見の段階では、特にこの自ら考える力が重要であり、ここでは時に「素人」のほうが力を発揮します。

## 図表20-2 地頭力 vs. 知識力

| 地頭力 | 知識力 |
| --- | --- |
| ・未知・未来重視 | ・既知・過去重視 |
| ・「正解」はない | ・「正解」がある |
| ・プロセスは多様 | ・プロセスも一つ |
| ・時間はかかるが無限 | ・時間はかからないが有限 |
| ・問いが重要 | ・答えが重要 |
| ・素人が強い | ・専門家が強い |

　日本社会では、これまで教育やビジネスの現場における価値観は完全に「知識型」のものであり、これが思考力重視へとビジネス環境を変化させる際の阻害要因となってきたことが否めません。

　思考力に関しては、後輩や若手社員を「育てる」ことよりも、「邪魔をしない」ことのほうが大切な場合もあるのです。

## ◎地頭力と対人感性力との違い

　地頭力を発揮するためにはある程度「性格が悪く」なる必要があるというのが、この対人感性力との比較から明らかになります。地頭力と対人感性力の比較は、キーワード13の「論理と感情」の二項対立と共通しているとも言えます。

　地頭力では一貫性（論理的であること）を重視するのに対して、対人感性力では相手の矛盾を許容することも大切です。

　地頭力では「まず疑ってかかる」のに対して、対人感性力では「まず共感する」ことが求められます。また、地頭力では「批判的に考える」のに対して、対人感性力では「批判はしない」のが求められる姿勢だからです。

これは地頭力と対人感性力との「使いどころの違い」にも表れてきます。

　仕事とは、一般にまずは頭の中で考えたり計画したりして、次にそれを実行していく流れになります（これも川上から川下へという流れです）。

　ここでも地頭力（＝思考力）が必要になるのは川上の場面においてです。頭の中でクールに考えて、実行のときには必ずしも合理性や効率性にこだわらないことも重要です。「人間心理の矛盾」をむしろ逆手に取ることで相手の心理や感情に訴えるのが、知的能力のうまい使い方と言えるでしょう。

### HOW 「結論から」「全体から」「単純に」考える

　先の図表20-1の下側に地頭力を構成する要素を定義しています。

　「結論から」考える仮説思考力、「全体から」考えるフレームワーク思考力、「単純に」考える抽象化思考力に加えて、ベースとなる論理思考力（ロジカルシンキング）、直観力、知的好奇心の6つの要素から成り立っています。

　6つの要素（力）それぞれの詳細は本書の別の項目で述べていますので、それらとの関係を示しておきます。

・知的好奇心（「キーワード27」参照）
　「既知のものと未知のもののどちらに興味を示すか」がわかりやすい知的好奇心の強さの目安です。

・ロジカルシンキング(「キーワード2」参照)

　ロジカルに考えるというのは、思考力の基本中の基本です(が、それがすべてだというわけでもありません)。

・直観力(「キーワード12」参照)

　知識と経験はここで思考力と深く関連してきます。思考の基になるのが知識と経験であり、そこから出てくるのが直観です。

・仮説思考力(「キーワード3」参照)

　限られた時間と情報で仮の結論を導き出してみるという仮説思考は、特に変化の激しい現代に求められる能力です。

・フレームワーク思考力(「キーワード4」参照)

　「全体から考える」フレームワーク思考は、思考の癖を認識し、矯正するために有効なツールです。

・抽象化思考力(「キーワード5」参照)

　「単純に考える」抽象化思考は、具体→抽象、そして抽象→具体という「具体と抽象の往復運動」によって生まれます。

　地頭力とは、これら6つの要素を組み合わせることによって、「結論から」「全体から」「単純に」考える力と言えます。

◎そもそも地頭力は鍛えられるのか?

　拙著『地頭力を鍛える──問題解決に活かす「フェルミ推定」』の発刊以来、しばしば聞かれる疑問が「そもそも地頭力

は鍛えられるものなのか？」です。

 簡単に言えば、この問いへの単純な答えは「地頭力の定義による」です。

 この質問をする人は「地頭力は生まれつき持った能力である」という定義を前提にしているように見えます。「地」頭力という言葉の印象からそういう定義でとらえる人がいるのは自然なことですが、本書における定義は前述のとおりです。知識力と対比して「知識を組み合わせて新しいアウトプットを生み出すための考える力」とし、その構成要素についても本書で述べているとおりです。

 この定義に従う限りは「地頭力を鍛える」ことは十分に可能です。

 世に言う「〇〇力」は、知的能力であれ身体的能力であれ、当然「先天的なもの」もあれば「後天的なもの」もあり、その比率はさまざまであると思います。ただ、いずれにしても後天的なものがゼロである能力はほとんどないと思いますので、その点においては「地頭力を鍛える」ことも十分に可能だということです。

 もちろん、時間さえかければ誰でもある程度の習得が目に見えやすい知識力と比べれば、その「努力との比例度」は変わるかもしれません。それでも、少なくとも「鍛えている自分」と「鍛えていない自分」に差が出ることは間違いないと言えます。

 そういう前提で、本書によりトレーニングを進めてもらうことは決して無駄にはならないでしょう。

**【理解度確認問題】**

1. 思考力と知識力の使い分け

　以下の状況下では一般的に思考力と知識力のどちらの重要性の比重が高いか、そしてその理由を考えてみてください。

・従来にない新しい事業やサービスのアイデアを考える
・リリース直前の新製品のリスク要因を残らず洗い出す
・新しく立ち上げた部署の年間計画を作る
・明確に役割分担された部署の作業チェックリストを作る

2. 思考力と対人感性力の使い分け

　以下の状況下では一般的に思考力と対人感性力のどちらの重要性が高いか、そしてその理由を考えてみてください。

・5年間の中期経営計画を策定する
・上記計画を各部門に説明し、納得してもらう
・部下の育成計画を立てる
・部下の悩みを聞く

キーワード
## 21 問題発見と問題解決

# なぜ優等生は問題発見が
# できないのか？

**WHAT** 問題発見と問題解決では思考回路が異なる

　問題解決が得意な人は問題発見が不得意であり、逆も真である。これが「問題解決のジレンマ」です。今後のビジネスでは、問題解決よりも問題発見の重要性が高まっています。ここでは、改めてその2つを比較することで、思考との関連を明確にしておきましょう。

　ビジネスにおける日々のオペレーションで重要なのが「与えられた問題を着実に解決する」問題解決ですが、新しい発想が求められるイノベーションの場面でより重要なのは問題発見の視点です。

　ここで言葉の定義を明確にしておきます。一般にビジネスにおける広義での問題解決という場合には、まずは問題（社会の課題や個人の不満）を発見し、それを会社や製品・サービスの形で解決していく一連のプロセスを指します。

| 図表21-1 | 問題発見と「狭義」の問題解決

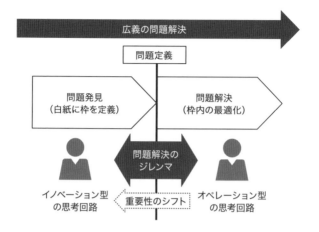

このプロセスをさらに「前半と後半」に分けて、「問題を発見してそれを明確に定義すること」と、「定義された問題を適切な方法で解決すること」に分解します。前者を問題発見、後者を（「狭義」の）問題解決と本書では呼ぶことにします（図表21-1）。

### WHY 「川上側」の問題発見の重要性が高まっている

問題発見と問題解決を考える上で表裏一体の関係とも言えるのが、キーワード14で解説した「川上と川下」です。

人工知能（AI）の進化やデジタルトランスフォーメーションの進展という近年のビジネス環境の変化によって、必要なスキルが「川下側」の問題解決から「川上側」の問題発見に移りつつあります。「川下側」のオペレーションがAIに置き換え可能

なのに対して、「川上側」のイノベーションの領域でこそ、人間の思考力が問われるようになっているからです。

ここで問題となるのは、「川上と川下」で解説したとおり、問題発見と問題解決とで求められる能力、スキルがまったく逆であることです。そのため、これまで問題解決の場面で優秀であるとされてきた人が、問題発見においてはむしろマイナスに働く場面が出てきていることです。

では、どのように求められる能力、スキルが逆になっているのでしょうか？　それを考えるためには、問題発見の場面と問題解決の場面における仕事の特性を先の「川上と川下」の関係からおさらいしておきましょう。

例えば、以下のような違いがあります。

・不確実性が高く混沌とした川上に対して、秩序立って不確実性の低い川下
・境界が明確に定義されず分業が進んでいない川上に対して、境界が明確に定義されて分業が進んでいる川下

このような特性の違いを受けて、図表21-2に示すとおり、求められるスキルの違いが出てきます。

一言で表現すれば、川下側の「狭義の」問題解決の場面で必要なのは、「与えられた明確な問題を効率的に解決できる、豊富な知識を持った専門家」です。

このような人は往々にして、「問題は与えられるものである」という前提で、組織や上司や顧客に対して従順で逆らわない「優等生」であることが多いのです。つまり従来の組織や学校で高い評価を受けてきたのがこのような問題解決を得意とする

| 図表21-2 | 川上と川下の価値観・スキルの違い

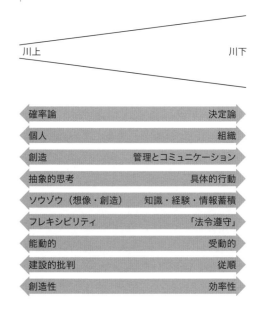

| 川上 | 川下 |
|---|---|
| 確率論 | 決定論 |
| 個人 | 組織 |
| 創造 | 管理とコミュニケーション |
| 抽象的思考 | 具体的行動 |
| ソウゾウ（想像・創造） | 知識・経験・情報蓄積 |
| フレキシビリティ | 「法令遵守」 |
| 能動的 | 受動的 |
| 建設的批判 | 従順 |
| 創造性 | 効率性 |

人たちでした。

ところが上述のとおり、近年、重要性が高まってきた問題発見の領域で力を発揮するのは、それとは反対に「そもそもの問題を疑ってかかり、自分の頭で考える」能動的なタイプの人なのです。要は本書のテーマである「思考」が得意な人は往々にしてこれまでの社会では高い評価を受けていなかった価値観やスキルを持っていることが多いのです。

### HOW　問題発見と問題解決の「使い分け」

問題発見と（狭義の）問題解決のちょうど境目に相当するの

が問題が定義される場面です。

　この境界は必ずしも明確に決められない場合もありますが、実際の業務での例を挙げれば、概ね以下のようになります。

・潜在的な顧客の要望を顕在化させる（言葉でも文書でも）までが問題発見、それへの対応を具体化するのが問題解決
・ICTシステム等のプロジェクトで言えば、RFP（見積依頼）が発行されるまでが問題発見、具体的な技術仕様に詳細化された後に構築・実装されるのが問題解決
・上司や顧客に「言われたこと」をやるのが問題解決、「言われていないが大事なこと」を能動的に抽出するのが問題発見
・達成すべき目的変数（売上、コスト、歩留まり、顧客満足度、返品率等の業務上の指標）を発見、選択するのが問題発見、その変数を最適化するのが問題解決
・そもそも事業領域を決めて会社を設立するのが問題発見で、出来上がった会社で利益を最大化するのが問題解決

　問題発見と問題解決とは、このような関係であり、ビジネスのさまざまな場面においては、このような使い分けがなされます。

【理解度確認問題】
　以下はいずれも問題発見と問題解決の違いをキーワードで比較したものです。(A)(B)どちらが「問題発見」を表すものでしょうか？
1.（A）具体化が重要　　　　（B）抽象化が重要

2. (A) 能動性がすべて　　　　　(B) 受動的な人も必要
3. (A) 創造と想像が重要　　　　(B) 効率性が重要
4. (A) 分業化が進む　　　　　　(B) 分業は困難
5. (A) 不確実性が高い　　　　　(B) 不確実性が低い
6. (A) 評価指標が決まっている　(B) 評価指標が決まっていない

【応用問題】

　以下の「問題解決」の事例において、川上の「問題発見」とは何かを考えてみましょう（「そもそも何でその問題が発生するのか？」を考えるのが問題発見です）。

1. クレーム対応
2. 資格試験の実施
3. イベントの実行（集客や進行等）
4. 定例会議の運用
5. 「新しい働き方」の施策抽出

キーワード
# 22 AI（人工知能）

## 何ができて、何ができないのか？

**WHAT** 人間がカバーすべき範囲が抜本的に変わる

「第4次産業革命」の象徴がAI（Artificial Intelligence：人工知能）です。ビッグデータ、IoTとの「3点セット」によってコンピュータによる情報収集と処理能力が桁違いに発展した現在、人間の知的能力に対する考え方が大きく変わってきています。

本来、AIについて論じるには、ここで言うAIの定義を明確にする必要があります。例えば、数十年の長期的スパンで見れば、AIはほとんどのことができるようになる可能性があります。しかしながら、本書は専門書ではありませんので、ざっと「現状のディープラーニング技術をベースとした特定の用途向けのAIの現状技術的可能性範囲内」といった対象を想定しておきます。

AIという言葉は、1950年代から使われていますが、

| 図表22-1 | AIと人間の思考の違い

| AI | 人間 |
| --- | --- |
| 受動的 | 能動的 |
| 非メタ | メタ |
| 特定の問題 | 一般の問題 |
| 問題の発見はできない | 問題の発見ができる |
| 自我なし | 自我あり |
| 感情なし | 感情あり |
| ムラなし | ムラあり |

「AlphaGo:アルファ碁」で有名になったディープラーニングを代表とする近年の技術の発展で特筆すべきは、コンピュータが「自ら学習する」技術を身に付けたことです。すなわち、「人間が直接答えを教えていない」問題まで解き始めたことです。

一昔前のAIであれば、人間が教えた定石以外の手を指すことは基本的にありませんでしたが、人間の名人を破ったアルファ碁は時にプロ棋士でも「理解できない」妙手を打ち出して新たな定石を作り始めてしまいました。

これは人間の知的能力に対する大きな問題提起です。問題さえ明確に定義してしまえば、あとは(膨大なデータを使って)AIが解いてくれる可能性があるというのは、人間がカバーすべき範囲を抜本的に変える可能性を持っているからです。

AIと人間の思考の違いは、図表22-1に示すとおりです。

| 図表22-2 | AIが得意なこと vs. AIが不得意なこと

| AIが得意なこと | | AIが不得意なこと |
| --- | --- | --- |
| • 与えられた問題を解く<br>• 定義が明確な問題を扱う<br>• 指標を最適化する<br>• 膨大な情報を検索する<br>• 具体的なことを扱う<br>• ルールを守る<br>•「閉じた系」を扱う |  | • 問題そのものを考える<br>• 定義が不明確な問題を扱う<br>• 指標そのものを考える<br>• 少ない情報から創造する<br>• 抽象的なことを扱う<br>• ルールを作り直す<br>•「開いた系」を扱う |

### WHY 「AIが得意なこと」と「AIが不得意なこと」がある

ここで、「現在の」AIが得意なことと不得意なことをまとめておきましょう（図表22-2）。

まずAIは与えられた問題を解くのは得意ですが、自ら問題を発見することはできません（というより、現在はそういうミッションは与えられていません）。

得意なのは定義が明確にされている問題を解くことで、曖昧性は許容できません。別の表現をすると、最適化すべき指標や変数（囲碁で言えば最終的にいくつ陣地を取ったなど）が決まっている問題は、AIが得意とするところです。

また従来は機械化と言えば、どちらかというと工場労働者のようないわゆる「ブルーカラー」の仕事が中心でしたが、AIが得意とするのは、従来では代替が難しいと思われていた知的職業、例えば医師や弁護士、あるいは金融のトレーダーといった

人たちの仕事が含まれてきています。

　これらの特徴は「膨大な情報や知識を扱うことが要求される」仕事であることです。単なる知識や情報量を有することは人間にとっての差別化要因ではなくなるばかりでなく、むしろ真っ先に機械に任せるべき仕事になっていくのです。

　また、抽象概念を扱うのは現在のAIの苦手とするところです。本書で繰り返し解説しているように、思考とは基本的に抽象概念を扱うことであり、ここに今後の人間の知的能力としての思考力の優位性が保たれる可能性があります。

　人間にとっての決められたルールを踏襲することの重要性も下がっていくでしょう。決められたことや過去にやったことを繰り返すだけなら、疲れることもなく、決められた時間内に正確に同じことをするのは、機械にとって得意中の得意と言えるからです。

### HOW　AI、人間それぞれの強みを活かせばいい

　では、人間がすべきことは何か？

　AIが得意なことはAIに任せる。そうすれば、AIが不得意なこと、人間にしかできないことに、より人間ならではの能力を発揮できるようになります。

　要は人間がこれから集中してやるべきことは図表22-2の「右側」の領域です。

　能動的に問題を発見し、具体的な事象を抽象化した後に再度具体化する、そのための「変数」を新たに見つけていくといっ

た能力は、少なくとも現時点では人間が圧倒的に優れている領域です。

とりわけ今後重要になってくると想定されるのが、問題発見を能動的に行っていく姿勢です。スキルの領域においては、AIの能力が人間を追い越していくのは時間の問題ですが、時間がかかるのはWill、つまりやる気・モチベーションや能動性という領域です。

考えるという行為は、受動的では意味がなく、能動的でなければなりません。この「能動的」ということが、人間ならではの強みとして、今後重要性を増していくことは間違いありません（詳細は、キーワード28の「能動性」で論じます）。

「知識はあるが受動的である人」と、「能動的だが知識が不足している人」がいます。従来のビジネスの世界、特に会社組織においては、前者が力を発揮できる機会が多かったかもしれませんが、今後はむしろ後者が力を発揮できる可能性が高いのは明白です。なぜなら、前者の「知識があるが受動的である」というのは、AIの強みと弱みそのものであり、もはや「知識量」で人間はAIには勝てるわけがないからです。

モチベーションの一表現形態としての思考という行為の重要性は大きくなる一方でしょう。

このように考えてくると、世の「どの職業がAIに置き換えられる（られない）」という議論はあまり意味がないことがわかります。

どの職業にも多かれ少なかれここで論じてきたような「AIが得意な仕事と得意でない仕事」の両方を含んでいるからです。その意味で改めて自分の仕事を棚卸しして、今後やるべき付加

価値の高い仕事を見極める必要があります。そしてそれらは「自ら能動的に考える」仕事である可能性が高いのです。

【理解度確認問題】

次の中でAIが相対的に得意なことはどれでしょう？（複数選択可）
1. 知識量で勝負すること
2. 境界があいまいな問題を解くこと
3. 問題そのものを発見すること
4. 抽象概念を扱うこと
5. 決められたルールを遵守すること

【応用問題】
1. 自分の仕事を分解して、図表22-2の「左側」（AIが得意なこと）と「右側」（AIが不得意なこと）に分けてみましょう
2. 「左側」の仕事はどのようにすれば機械化ができそうか、その移行ステップを考えてみましょう
3. また、「右側」の領域について、これまで以上に能動的かつ創造的にできないかを考えてみましょう
4. さらにそれを実現するための課題とその課題を克服するための手段を考えてみましょう

キーワード
## 23 ビジネスモデル

# 「何を売っているか」ではなく「収益の上げ方」のパターン

**WHAT**　モデル＝抽象度の高いパターン

　ビジネスモデルという言葉を聞くことが多くなりました。ビジネスモデルについては、さまざまな定義や使われ方がされています。本書では文字どおりビジネスの「モデル」であることを考慮して、モデル＝抽象度の高い戦略のパターンととらえます。

　つまり、個別の施策や戦術ではなく、どの業界にも汎用的に適用できるような収益の上げ方のパターンと定義します。

　ポイントとなるのは、さまざまなビジネス上の施策の中で、どの業界にも当てはまるような一般性の高いものであることです。ここに、あえて思考力の本で一つのテーマとしてビジネスモデルを取り上げる意味合いがあります。

　つまり、ビジネスモデルをどこまで活用できるかは思考力、とりわけ後述するように抽象化やアナロジーの力をどこまで活

用できるかにかかっているのです。

　成功例である「替え刃モデル」のほか、AI・ビッグデータ・IoTといった、膨大なデータをベースとする第四次産業革命の時代に特徴的なビジネスモデルを紹介しましょう。

・替え刃モデル
　ひげ剃りメーカーのジレットが有名にしたことでこの名がついています。
　代表例として、ひげ剃りのほか、プリンターやエレベーター、あるいはひげ剃りに構造が類似する電動歯ブラシなどが該当します。
　収益の上げ方として、「本体」を場合によっては採算度外視とも言える低価格で販売した後に、定期的に繰り返し発生するスペアパーツや消耗品、あるいはメンテナンスといったものを比較的高価格に設定して利益を稼ぐモデルです。
　このモデルの成功要因は、その製品をいったん導入した後に他社製品に乗り換える際のコスト（スイッチングコスト）を高レベルにキープすることです。そのために、専用のスペアパーツやノウハウで差別化することが必須となります。

・オンデマンドマッチングモデル
　eマーケットプレイスという呼ばれ方もします。ウーバーが代表的ですが、スマートフォン時代ならではのビジネスモデルです。要するに、必要なときに（オンデマンドで）スマホを使って、ユーザーと周囲にいる適切な個人サービス提供者とのマッチングを行うビジネスモデルです。

配車サービスの他、掃除や犬の散歩など、いろいろな仕事に適用が可能なため、数え切れないほどのビジネスがこのようなモデルでスタートしています。

・シェアモデル

消費一辺倒の資本主義の反省から、十分に活用されていない稼働率の低い機械や設備を最大限にシェアするためのビジネスモデルで、代表的なのが「民泊」として有名なエアビーアンドビーです。ここではマンション等の空き部屋のシェアですが、同様に自動車のシェア、街中の空きスペースのシェアなど、さまざまなものに適用されています。前述のオンデマンドマッチングは「人的リソースのシェア」というとらえ方もできます。

・サブスクリプションモデル

文字どおりの意味は、雑誌などの「定期購読」ですが、ソフトウェアやアプリの世界で言う「月額定額制」のようなものを言います。月の定額で契約すると自動更新で継続していってサービスの提供を受けるモデルです。

固定費が大きく変動費が小さいICTビジネスで特に有効なサービスであり、従来は売り切りであった機械のようなハードウェアもソフトウェアの要素が大きくなることで、このようなモデルが馴染みやすくなってきました。

多くの顧客が「所有から利用へ」という形でこういう契約の仕方に慣れてきたことと、このモデルを採用することで顧客との継続的な関係が築けることから、近年では変動費が大きいサービスや製品も含めたありとあらゆるものに、このサブスクリプションモデルが広がりつつあります。

**WHY** 「抽象度の高い戦略」が重要になっている

いま、なぜビジネスモデルなのか?

「第四次産業革命」と呼ばれるデジタル化を中心とした大きな波がビジネス界に押し寄せています。そこで特に重要なのが「抽象度の高い戦略」です。その理由として、主に以下の2点が挙げられます。

・変革期には不連続な施策が求められる

デジタルトランスフォーメーションとは、いわゆる「カイゼン」型の、日々少しずつ連続的に変化をさせながら効率性を追求していくアプローチと異なり、これまでの業界をまったく異なる形に破壊的に変えていく性質を持っています。

具体的なレベルで考えるだけでは、業界の構造そのものを大きく変える変化を起こすことはできず、抽象度を上げることで初めてその構想が可能になります。

・デジタル化=ICT化でビジネスの戦場の抽象度が上がる

デジタル化とは、ICTによってビジネスのやり方が決定されることを意味します。このような世界では、従来型のビジネスでの「物理的に何を売っているか?」ということよりも、どのようにデータを活用し、情報として流れを作って活用しているかが企業の競争要因として重要になります。

そういう観点で考えれば、「具体的に何を扱っているか?」よりも「要するに何が肝なのか?」という抽象度の高いレベルでビジネスの特性をとらえる必要があります。

例えば「スイッチングコストを上げる」とか、「限界費用がゼロになる」というようなことが抽象度の高い特徴です。

　このような特徴レベルでビジネスをとらえることで、「業界レベル」の施策を考えるのではなく、重要な成功要因は何なのかを見出すことが必須の視点となります。

### HOW　ビジネスモデルはアナロジーで活用できる

　ビジネスモデルを活用する方法とは、同じ構造のビジネスを探すことです。

　オンラインで個人に近い小規模の顧客と、これも中小の印刷会社をマッチングするスタートアップ企業として注目されているのが「ラクスル」です。この会社が二番目の柱として行っているのが、物流の事業「ハコベル」です。

　印刷と物流、一見まったく異なるように思える事業が「実は業界構造が同じだった」ことが、同社がこれらの事業を同時に行っている要因の一つです。両業界とも、ごく少数の「ガリバー」（大企業）が大きなシェアを持つ一方で、残りは多くの中小企業によって業界が成り立っています。そのためにそれらの階層構造が存在していることに気づいたことで、物流という業界に進出したという背景があります。

　中小の業者が持つ印刷機械（工場）やトラックの不稼働時間を、それを必要とする顧客がシェアリングする。印刷でも、物流でも、同じビジネスモデルによって、これまでの業界構造、仕組みを変えているのです。

この事例のように、ビジネスモデルをうまく活用して新しい事業を生み出すために必要なのが先に述べたアナロジー思考です。物事の構造を見抜き、一見異なる者同士である「遠くのものをつなげる」のがアナロジー思考力であり、ビジネスモデルを論じる上では必須のスキルと言えます。

　業界内や類似の会社の事例に精通して、それを「そのまま」真似するのではなく、他業界やビジネス以外の世界での事例を抽象化し、ビジネスモデルとしてとらえて、構造の同じものと結びつける。そうすることでイノベーションを生み出していく力が重要になってくるのです。

【理解度確認問題】
　次のうち、ビジネスモデルの特徴として当てはまらないものはどれでしょう？
1．抽象度の高い戦略のパターンである
2．ICT化の進んだ現代において特に重要である
3．特定の業界やサービスに特化した具体的な施策である

キーワード
## 24 多様性

# 思考回路の転換と
# 「ニワトリと卵」の関係

**WHAT** 多様性とは「指標を増やして考える」こと

 思考という観点から多様性を考えてみると、要は「指標を増やして考えること」であると言えます。後で詳しく述べるように、新しい指標というのは自ら見つけるのは至難の業です。他者を見ての「気づき」による発見のほうが圧倒的に容易です。それは私たちが、異なる他者を見ることで初めて自らにない視点に気づくことができるからです。

 ここで重要なのが、自分とは異なる他者のやることを、はじめから「理解できない」とか「非常識」と決めつける視点で見て排除してしまわないことです。
 多様性のある環境で重要なのは、このような「思考回路」のほうです。
 日本企業によく見られる状況として、「多様性を重視」してさまざまな属性を持つ人を雇い入れたものの(これで一段階目

はクリア)、そのような人たちを従来と同じ指標で評価して「やはり◯◯の人は使えない」という評価をしてしまうことがあります。

このような場合、結局は、その企業に多様性が浸透しないままに終わってしまうのです。

これは「二段階目」である、多様性を理解し、それを自らの指標として取り入れていくという思考回路の面がクリアできないからであると言えます。ここでも「相手を変えようとする」のか「自分が変わろうとする」のかという違いが出てきます。

このように、多様性の導入と思考回路の転換はニワトリと卵の関係になっており、両方をセットで考えることは必須なのです。

### WHY　思考回路の転換には多様性が欠かせない

多様性、ダイバーシティは21世紀における企業経営のキーワードの一つと言ってもよいでしょう。これは単なる女性活用や外国人の登用といった目に見えやすい施策だけでなく、思考回路の転換とそれに伴う会社そのもののあり方の変容という形での進化が求められていることを意味しています。

前述のとおり、多様性は思考力を深める意味でも重要な意味を持っています。

まずはイノベーションを生み出すために必要な思考回路という視点で考えてみましょう。

本書でも解説しているイノベーションとオペレーション、あるいは問題発見と問題解決の思考回路の相違の一つに「指標そ

のものを見つけるか、与えられた指標を最適化するか？」があります。

ここで言う指標とは、例えば「大きさ」(なるべくコンパクトにするなど)や「バッテリーの駆動時間」といった製品やサービスの性能を数値化したものであったり、会社経営で言えば、売り上げや顧客満足度といった経営の目標となったりするものです。

あるいは、問題発見や問題解決といった言葉で用いられる「問題」もこのような指標の集合体ということができます。

したがって「問題を見つける」＝最適化すべき指標を見つけるととらえることができるのです。

イノベーションの視点も同様で、いかにこれまでになかった指標そのものを見つけるかがキーであり、いかに与えられた指標を最適化するかというオペレーションの発想とは根本的に異なります。


AIは与えられた指標を最適化することは得意中の得意ですが、「自ら指標を探す」ことはできません。「自ら指標を探す」とは問題そのものを定義することを意味しますから、現時点では基本的に人間にその役割を譲っています。

20世紀型の日本企業の発展モデルであり、一つの典型的な勝ちパターンは、まさにこの指標を最適化することによるオペレーショナル・エクセレンスの確立でした(例えば「リードタイムを短くする」とか「故障率を下げる」とか「サイズを小さくする」といったこと)。

これは、日本社会の画一性と密接に絡んでいます。

社会が画一的である＝多様性が低いということは、このよう

な指標の最適化には適した環境です。余計なことに脇目も振らずに特定の指標に集中することが、その指標の最適化には有利だからです。

ところがこのような社会の画一性は、新しい視点を見出すという場面ではマイナスに働きます。

画一的な社会では「新しい視点を見つける」ことは非常に困難です。そもそも新しい視点や指標そのものに思いを巡らすことが少ないことに加えて、このような社会ではそのような考え方やそのような考え方をする人は否定され、排除されることが多いからです。

イノベーションやそれを生み出すための思考回路の転換という課題に直面している日本企業において、従来どおりの画一性ではなく、多様性が求められるのは、このような理由によります。

### HOW　相手の価値観を受け入れ「自分を変えてみる」

多様性について考え、これを重要な価値観の一つとして日々の生活や仕事で実践することは、本書のテーマである知識から思考への転換という価値観と密接に関係しています。

そもそも自ら考えるという行為の前提として「唯一絶対の正解がない」ことが挙げられます。

まず、旧来の「唯一絶対の正解を求めてしまう」という価値観をリセットするためにも、多様性を受け入れる価値観を醸成することが重要になります。

近年、多様性については多くの日本企業でもその重要性が叫ばれ、例えば海外からの人材を採用したりする場面が増えてき

ているでしょう。

　それでも、実際に活躍する場が意外に広がらない理由の一つが、多様性を受け入れるための評価の仕組みができていない（評価指標が従来と変わらない限定的なもののままである）ことが挙げられます。

　要は一般論として「多様性を受け入れる」とは言っても、具体的な実践レベルでの取り組みとのギャップが存在するのです。

　では具体的に、「多様性を受け入れる」とはどういうことなのでしょうか？

　簡単に言えば、自分が「当たり前だ」「常識だ」と思っていることを否定されて不快に思うような場面で、相手を変えようとするのではなく、その価値観を受け入れて「自分を変えてみよう」としてみることです。

　そのわかりやすい機会は、「異文化間ギャップ」「世代間ギャップ」を感じる場面です。例えば、同僚や部下の以下のような行動、ふるまいをどう感じるか、です。

・仕事よりもプライベートを重視して必ず定時に退社する
・十分に検討せずに生煮えの成果物を持って相談に来る
・集団の空気を読まずにチームの和よりも個人の主張を重視する

　このような行動は、一般に日本の組織においては受け入れられにくい価値観かもしれませんが、必ずしも「絶対的に間違っている」とは言えません。

このような価値観を受け入れることが「新しい働き方」へのアイデアにつながっていきます。

同様に新商品のアイデアを考える上でも、相手の価値観を受け入れて「自分を変えてみる」ことです。

「当たり前を疑え」とは、よく言われる一般論ですが、それを実践する上でも、例えば「理解できない顧客」や「理不尽な要求をする顧客」のニーズを考えてみることが、新たな視点を見つける視点になります。

このように「新しい視点を探す」ことの近道は、「自分が理解できないもの」からスタートすることであり、そのために多様性が必須なのです。

【理解度確認問題】
　次のうち、多様性を重要視するために重要でないことはどれでしょう？（複数回答可）
1．非常識と感じられる行動を取った社員には徹底的に教育をし、行動を正す
2．自国の伝統や業界の常識を常に第一に考え、既存のルールや慣習を重視する
3．「理解できない人」を見たときには、「自分にない別の価値観があるのではないか？」と考えてみる

## キーワード 25 未来予測

# アマゾンは書店の代替ではない、と気づいたか?

### WHAT 未来はすでに起こっている

ビジネスにおいて思考力を使う場面で典型的なものが、近い将来を読んで事業の先手を打つ「未来予測」です。ここで言う未来予測とは、必ずしも客観的なものではなく、主観的に自社の商品やサービスを使って自らのビジョンを実現していくための仮説も含みます。

事業を行う立場ならば、むしろ「未来は自ら切り拓くもの」であるというスタンスの方が自然であると考えられます。

さらに未来予測と言うと、いきなり不老不死やタイムマシンといったSFの世界に飛んでしまいがちですが、実際にビジネスで考える必要がある5年後、10年後、せいぜい30年後といった未来に関しては、すでに一部で起こっていることが一般化しているというパターンがほとんどです。

つまり、未来はすでに起こっている、とも言えるのです。

ところが大部分の人たちはこのような変化に気づくことができません。原因としていくつか考えられます。

一つは基本的に保守的で変化を嫌う人が圧倒的に多いので、特に新しい技術がもたらす未来を認めたくないという意識が働き、確証バイアスによってそれを視界から排除してしまうのです。

もう一つの大きな要因として挙げられるのは、新しい動きを抽象化して見られるかという視点です。多くの人は新しい動きを個別の具体例としてしか認識しません。それを抽象化してとらえると、多くの他のものにそれが転用されていくことが見えてくるのです。

### WHY　アマゾンは書店の代替ではない、と気づいたか

具体と抽象で先を読むという発想でアマゾンの発展を見てみましょう。

1995年にAmazon.comとして事業をスタートし、ビジネスが認知されていった時代にはほとんどの人はそれを「オンライン書店」であると思っていたことでしょう。実際に、アマゾンが行っていたビジネスは、ほとんどのユーザーにとっては単なる書店の代替にしか見えなかったはずです。

それは「大きな間違い」であったことは、「ありとあらゆるものをオンラインで販売している」現状を見れば明白と言えるでしょう。

90年代の時点でアマゾンをオンライン書店であると見ていれば、競合関係にあるのは書店であり、影響を受けるのは出版

業界のみであると考えられました。
　ところが現状を見れば、それは新たなビジネスモデルともいうべき、抽象度の高いビジネスのあり方の一つの具体例でしかなかったことがわかります。

　アマゾンがオンライン書店を単なるサンプルとして実践してきた、抽象度の高いビジネスのやり方は、以下のように整理できます。

・オンラインで、
・クラウドコンピューティングをベースとして、
・すべての在庫の検索が容易にでき、
・膨大な在庫のラインアップを常時有し、
・購買履歴から個別にリコメンデーションを自動で行い、
・決済もオンラインで行い、
・中間業者を排除して、
・翌日配送というような超短期で納品する
・……

　すなわち、いまとなっては当たり前のEコマースの特徴を押さえています。

　この例に見るように、世の中の動きは一つの具体的な事例の特徴がビジネスモデルとして抽象化されて、やがて他のものにも展開されていく流れをたどっていきます。
　したがって、例えばアマゾンのような、従来とは特徴の異なる具体例にいち早く目をつけ（多くの場合、それは業界の外に

あります)、それを自らの業界や領域に当てはめていくことで、その流れを一歩早くとらえた動きができるようになります。

### HOW 「具体→抽象→具体」で未来を予測する

では、どのように先を読んでいけばよいのか、思考力の使い方について、見ていきましょう。ここでもキーワードとなるのは、具体と抽象の往復です。

アマゾンと同様の動きがいまウーバー(Uber)やリフト(Lyft)といった配車サービスが行っていることにも見えます。

当初、ほとんどの人にとってウーバーは「配車サービス」に見え、競合はタクシー会社(と配車アプリ)に見えたかもしれません。これは、まさに20年前にアマゾンを「オンライン書店」と見たのと同じです。

ウーバーを次のように抽象化してみます。

・必要なときにスマホアプリを起動して、
・オンデマンドでユーザーと必要なリソース(登録された人)とをマッチングして、
・必要なサービスが提供される

このように抽象化すれば、この「リソース」が単に「車とドライバー」だけでなく、「買い物」(をしてくれる人)、「料理」(をしてくれる人)、「荷物運び」(をしてくれる人)、「機械の修理」(をしてくれる人)等々、ありとあらゆるニーズとのマッチングに応用できることがわかるでしょう。

図表25-1 特異点＝具体→抽象→具体の流れ

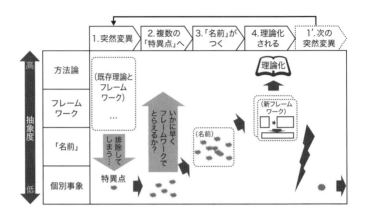

　また、ここから働き方にも自由度が生まれて、複数の仕事を掛け持ちして、好きなときに好きなだけ働くというワークスタイルも可能になることがわかります。

　このようなビジネスや働き方を含めた経済のあり方は、「ギグエコノミー」と呼ばれ、他国では急速に広がりつつあります。

　これは数年前から十分に予想されてきたことではありますが、「ウーバーは配車サービスだ」と見なしているだけでは予想することはできなかったでしょう。

　世の中が進んでいく過程を一般化して考えると、一つの特異な事象が徐々に数を増し、それが抽象化されて「名前」がついて一つの言葉として表現されるようになります。それがフレームワーク化、理論化された後に具体例がさらに広がっていきます。その具体→抽象→具体の流れを表現したものが図表25-1になります。

このような大きなトレンドは、たいていの場合、同様の流れをたどっていきます。そのため、すでにいま起こっている「具体的な特異点」から、その後に起こること、近い未来を予測することが可能になるというわけです。

もう一つ事例を挙げれば、ビットコイン等の暗号通貨とブロックチェーン技術の関係も同様です。暗号通貨とは、ブロックチェーンという、個人間の価値の移転を可能にする分散型台帳技術の「一つ目の実現の具体例」でしかありません。これを抽象化することで、限りない応用の可能性が出てくることに気づけば、ここからも「未来を予測する」ことが可能になるのです。

【理解度確認問題】

次のうち、ビジネスにおける未来予測に関して当てはまらないのはどれでしょう？
1. 「無から有を予想する」というより、いまある特殊な事例を一般化する
2. 完全に客観的なものではなく、時に自らの意思が入る
3. 他の業界を見ていても先は読めない
4. ここでも「抽象化と具体化」が鍵である

【応用問題】

音楽やスマホアプリなど、多くのサービスがサブスクリプション（月額定額制）に移行しつつあります。この動きが今後世の中にどのような変化をもたらすのか考えてみましょう。

## Chapter 4　AI（人工知能）vs. 地頭力

### キーワード 20　地頭力

3つの思考力と3つのベースの組み合わせで、「結論から、全体から、単純に考える」ことが基本となります。

### キーワード 21　問題発見と問題解決

問題発見と問題解決とでは思考回路や必要なスキル、価値観が異なることを認識した上で、使い分けをする必要があります。

### キーワード 22　AI（人工知能）

AIが得意なことはAIに任せる。人間は「問題そのものを考える」など、人間にしかできないことに能力を発揮すればいいのです。

### キーワード 23　ビジネスモデル

個別の施策や戦術ではなく、どの業界にも汎用的に適用できるような収益の上げ方の共通パターンのことです。

### キーワード 24　多様性

「指標を増やして考えること」であり、イノベーションを生み出すための思考回路（の転換）には、画一性ではなく多様性が求められます。

### キーワード 25　未来予測

新しい動きを、個別の具体例としてではなく抽象化してとらえると、多くの他のものにそれが転用されていくことが見えてきます。

Chapter

5

「無知の知」からすべては始まる

# 「いかに自分は知らないか」を自覚することから思考回路は起動する

　本書の最終章である第5章では、思考に関する「そもそも論」に立ち返ることで、思考力を鍛える上での「基本のさらに前」の根本的な価値観を見直すことをします。

　思考力で重要なのはHow to（個々の具体論）の話ではなくてWhy（そもそもなぜそうなのか？）であることは、本書の中でも解説したとおりです。第5章は本書でお伝えしたいことそのものの【WHY】を改めて解説するものです。

　日常生活の中で「思考回路を起動できるか」、あるいは「思考停止に陥ったままになるか」は、この第5章で述べるキーワードが身に付くかどうか、で決定的な差がつくと言えるでしょう。

　思考回路が停止したままでは、本書に書いてあることは何の役にも立ちません。ただし、本書を手にしてここまでたどり着いている時点で、読者の皆さんは第1段階（というより「第ゼロ段階」）をクリアしていることにはなります。ここで改めて、思考することの基本中の基本について解説したいと思います。

　第5章のタイトルにある「無知の知」はギリシア時代の哲学者、ソクラテスの唱えた概念で、思考というテーマを考えるに際しては、必ずと言っていいほど引用されるキーワードです。

　思考回路を起動するのに必須の基本的姿勢は、「いかに自分

が知らないか」を自覚することです。この場合の「知らない」は単に知識の有無ではなく、身の回りのことに「気づいていない」ことを指します。

「無知の知」があるからこそ何事も鵜呑みにはせずに疑ってかかり、常識にとらわれない発想をすることが可能になります。また、地頭力のベースであり、考えることの原動力となるのが「知的好奇心」であり、「能動性」です。

さらに「常識にとらわれるな」「常識を打破せよ」「既成概念を壊せ」とは、ビジネスの現場でよく聞かれる言葉ですが、常識や既成概念にとらわれている人の最大の課題は「とらわれている自覚がない」ことです。そのためには常に何かの違和感を覚えたときに自分の気づいていない何かがあるのではないか、と「疑う」ことによって思考回路が起動するのです。

そもそも、なぜ、疑うことが必要なのでしょうか？

その大きな原因の一つが、人間が逃れられない思い込みや「認知バイアス」と呼ばれる視点の歪みです。

私たちは誰しも何らかの偏った視点で物事を見ています。例えば、ついつい自分をひいき目に見てしまうとか、「自分は他人と違って特別な存在だ」と思ってしまうといったことです。

認知バイアスから完全に逃れることは不可能です。そこで必要なのがそれを克服するために自分を一段高いところから客観視する「メタ認知」です。

メタ認知を意識することで無知の知の思考回路も起動し、自ら能動的に考えることの一つの原動力となっていくのです。

この最終章で解説する「無知の知」は実践しようとすればするほどその奥の深さに気づいていくことになるでしょう。それが「思考の道」を極めていくことにつながるのです。

キーワード
## 26 無知の知

# 自分を賢いと思ったら
# ゲームオーバー

**WHAT**　ソクラテスだけが「無知」を自覚していた

思考に関するキーワードの中でも最も重要なのが「無知の知」です。ギリシア時代にソクラテスが唱えたとされる概念です。

古代ギリシアで最も賢者であると言われた哲学者、ソクラテス（紀元前469年ごろ～紀元前399年）は、自分自身では「そんなはずはない」と考えました。

そこで当時賢者であると言われていた他の人たちと話をして出した結論が「自分は他の誰よりも何も知らないことを自覚している」ということでした。

これが「無知の知」という概念です。

この言葉、思考回路を起動する上での重要度は他のキーワードと比べて何倍も大きいもので、その大切さはいくら強調しても強調しすぎることはないでしょう。

逆に言うと私たちは「自分は何でも知っている」と特に中途

半端に知識がある分野で思ってしまう傾向が強いので、それに対する戒めとして常に心に留めておくべきと言えます。

### WHY 「無知の知」vs.「無知の無知」

思考とは純粋に自発的な行為です。「考える」という動詞に枕詞としてよく用いられるのが「自分の頭で」という言葉です。

この言葉どおり「考える」ことは他人に強制されるものではありません。そこには何らかの自分なりの動機が必要で、それがいわゆる「気づき」と言われるものであり、思考においては「無知の知」＝気づきと言ってよいでしょう。

「知らない」という自覚があれば、新しいことを学ぼうという未知なるものへの関心の源になり、それが知的好奇心になります。知的好奇心があるから常に思考回路が起動するのです。

「無知の知」を強く自覚している人と自覚していない「無知の無知」の人では、日常の行動において、例えば以下のような違いが現れます。

- 「無知の無知」の人はよく話すが、「無知の知」の人はよく聞く
- 「無知の無知」の人は知れば知るほど自分が賢くなると思い、「無知の知」の人は知れば知るほど自分が愚かに見えてくる
- 「無知の無知」の人は過去の経験を重視するが、「無知の知」の人は過去を踏まえて常によりよい未来を考える
- 「無知の無知」の人は他人にあれこれ意見するが、「無知の知」

の人は中途半端に口を出さない
・「無知の無知」の人は「自分が正しい」と常に自信満々だが、「無知の知」の人は「自分は間違えているかもしれない」と自分に疑いを向ける

ちなみに、2つ目の項目に関連して、「能力の低い人ほど自己評価が高い」という認知バイアス（キーワード31）は、「ダニング・クルーガー効果」として知られています。

◎ラムズフェルドが示した「未知の未知」
「無知」あるいはその対象としての「未知」に関して一つ紹介しておきたいのが、アメリカの元国務長官のドナルド・ラムズフェルド氏が2002年2月の記者会見でイラクにおける大量破壊兵器の存在について問われた際に残したことで有名になった以下の言葉です。
その発言の文脈から、発言当時は必ずしも肯定的にはとられなかった言葉ですが、無知や未知について考える上で示唆に富む発言と言えます。

「まず自分が知っていると知っている「既知の既知」（known knowns）がある。そして次に知らないと知っている「既知の未知」（known unknowns）がある。それに加えて知らないことも知らない「未知の未知」（unknown unknowns）というものもある」

「無知の知」との関連で言えば、知の世界を3つに、特に未知を2種類に分けて、「未知の未知」という「知らないことす

| 図表26-1 | 「既知の既知」「既知の未知」「未知の未知」

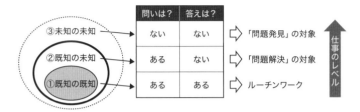

ら知らない」領域があることを明示的に示しました。

「知らないと知っている＝既知の未知」と「知らないことも知らない＝未知の未知」の区別を明確にしたところに、ラムズフェルドの言葉の意義があります。

実際に本当に（天文学的に）大きいのは「未知の未知」の領域のはずですが、とかく私たちは「既知の未知」の領域を未知の領域と思いがちです。ところが実際に圧倒的に大きいのが「気づいていないことすら気づいていない」領域です。そのことを認識している人は安易に物事を自分の経験と知識だけに基づいて判断したりしません。

これが「無知の知」を実践することになります。

### HOW 「未知の未知」＝「問題発見」の領域

ここまで述べてきた「3つの領域」を普段の仕事に当てはめると図表26-1のように定義することができます。

「問いがあるか？」「答えがあるか？」

答えがあるか、ないかで考えると「問いも答えもある」のが「既知の既知」でこれは仕事でいうところの「ルーチンワーク」になります。

　続いて「問いはあるが答えがない」という領域はいわゆる「既知の未知」で「問題解決」の対象領域です。

　最後の「問いも答えもない」のが「未知の未知」で「問題発見」の領域になります。

　要は「問題解決」とは「既知の未知」を「既知の既知」に変える行為で「問題発見」が「未知の未知」を「既知の未知」に変える行為です。

　「アルファ碁」に代表される近年のAIの発展のインパクトは、「問題さえ明確に定義されてしまえば、あとはAIが問題を解いてしまう」という点にあります。

　これは機械が人間より優れた能力を発揮する領域が「既知の既知」の領域のみならず「既知の未知」にも足を踏み入れ始めたことを意味しています。

　その意味で人間が優先的に取り組むべき課題は、「未知の未知」の領域に目を向ける、つまり問題発見になってきていることになるでしょう。

　ところが私たちは日常、「既知の未知」をもって世界のすべてであると勘違いしてしまっていることがあります。例えば、リスク管理における「想定外」という言葉は、それを端的に示しています。「未知の未知」を意識するとは、常に「想定外を想定しておく」ことを意味しています。

　また、それに関連して、近年、情報漏洩の発覚で企業の謝罪会見等が行われて、その「管理の甘さ」が指摘されたりします

が、むしろ「漏洩されたことがわかっている」ということは、それなりに管理が行われているからで、本当にまずいのは「漏洩されていることに気づいてすらいない」企業であることは明白でしょう。

このように、常に「未知の未知」の領域を意識した「無知の知」の姿勢でいることで、後述の「メタ認知」を促し、思考停止に陥るのを防ぐことにもなるのです。

【理解度確認問題】

次の言動のうち、「無知の知」を自覚している人がしないことはどれでしょう？
1．知識が足りない人を戒め、自ら手本を示そうとする
2．常に好奇心を持って新しい領域への学びを怠らない
3．理解できない他人の言動を無闇に否定せず、自分の知らない世界があるのではないかと考える

キーワード
## 27 知的好奇心

# 地頭力のベースであり、考えることの原動力となる

**WHAT** 好奇心とは「知らないもの」への探究心

「私には特別な才能などありません。ただ好奇心が激しく強いだけです」。アインシュタインが残した言葉です。

自ら能動的に考えることの基本中の基本が知的好奇心です。本書で言う知的好奇心とは、単に「未知の物事に対して興味を持つ」ということの他に以下のようなものも指します。

・わかっているものよりもわかっていないものに興味を向ける
・他人の言ったことを無批判に受け入れるのではなく、常に疑ってかかり、自分なりの理解をして初めて受け入れる
・自分の理解できないものを否定するのではなく、むしろ自分が理解できていないだけではないかと疑ってみる
・常に「無知の知」(キーワード26を参照) を意識し、知的な傲慢になることを常に自戒する

AI時代に人間に求められる条件として、知的好奇心は思考力を起動するための能動性を生み出し、現状に飽き足らない向上心へとつながっていきます。

### WHY　能動的に考えることの源が知的好奇心

「考える」とは純粋に能動的な行為であり、そこが受動的でもなんとかなる知識の習得とは決定的に違うというのは本書で繰り返し述べているとおりです。その能動性の主要な源泉がこの知的好奇心です。

知的好奇心の旺盛な人は現状を繰り返すことを潔しとせず、常に新しいものへと外向きに思考が向かっていきます。

（他人や前例と）「同じこと」ではなく「違うこと」に意識が向かい、常に現状を変革し、向上させていきます。

前項の「無知の知」との関連についてはすでに述べましたが、同様に本章で取り上げる「疑う」ことや「常識の打破」さらには「メタ認知」にも知的好奇心はつながっていきます。

権威に盲従せず、既存の常識を疑うとともに、常に自分自身を客観視して自らの向上を志すことが知的好奇心の根本にあると言えるでしょう。

このような基本的姿勢と深い関連性があることも、知的好奇心が思考力にとってなくてはならない根源的なものであることを物語っていると思います。

### HOW　Whatの好奇心よりWhyの好奇心

日々の生活を送っていくに際しての知的好奇心を語る上で重要な視点として、「What型」の好奇心と「Why型」の好奇心について触れておきます。

What型とは、知識に対する好奇心です。一方、Why型とは、問題発見と解決に対する好奇心です。

子どもは例外なく好奇心の塊であり、小学校入学前の「なぜなぜ坊や」の時代は特にWhy型好奇心の塊と言えます。それが学校教育で知識を詰め込まれ、成長とともに「常識」という形にとらわれ純粋に「なぜ?」と思う心を失いがちです。

What型の好奇心は「知識欲」とも呼ばれ、従来、知的能力の高い人の特徴の一つでもあり、「知識欲」の強い人は、これまでは学校や職場でも尊敬される存在でした。しかしながら、ここでもAIの発展は知識欲のみを満たすことの意味を希薄にしていっています。

考える力を身に付けるためには、答えがあるなしにかかわらず自分で考えてみるWhy型の好奇心を持つことが大切です。

もちろんWhy型の知的好奇心の高い人はおおむねWhat型の知的好奇心も高い傾向にあるので、必ずしもWhat型の好奇心を否定するものではありません。

思考をする上でも知識はないよりもあったほうがよいのですが、AI時代においては、知識(量)で競う領域は機械に極力代替させて、人間はWhyのほうに力を注ぐべきであるというのが、本書の一貫したメッセージです。

一つ注意すべきこととして、一見Why型に見えるが実はWhat型である「豆知識」があります。

　例えば、何かの単語の語源についての知識、「なぜ、五輪の数は五なのか？」といった知識です。

　これらは「なぜ？」という理由ではありますが、一度覚えてしまえば、単なる豆知識になりますのでここでのWhy型好奇心とは異なります。

　Why型好奇心で重要なのは、このように単に知っているか知らないかが問題の静的なことではなく、もっと動的に常にその質問を投げかけ、見えない背景や目的に思いを及ぼすことなのです。

---

【理解度確認問題】
　次のうち、思考力に必要なWhy型の知的好奇心と関係のないものはどれでしょう？（複数回答可）
1．世界中の国旗に興味を持ち、すべての国名を覚える
2．食べたことがあるものとないものがあったら、ないものを注文する
3．「業界の常識」を妄信せずに、決まりやルールとされていることに対して、いちいちその理由を考えてみる
4．他人の無知を嘆き、啓蒙活動に力を注ぐ

キーワード
## 28 能動性

# 「育てる」ではなく「育つ」

**WHAT** 「自ら考える」ことに大きな意味がある

「知的好奇心」の項でも触れたとおり、考えるという行為は純粋に能動的、つまり自らの意思で行う行為です。これが大きな意味を持つのは、本書でしばしば比較している知識型の頭の使い方との違いにおいてです。

もちろん知識を吸収する上でも、能動的な知的好奇心を発揮することが大きな意味を持つことは間違いありません。

ただし、知識の習得に関しては、受動的な姿勢でもそこそこの成果を挙げることができるのに対して、思考力の習得は、能動的な姿勢がない限り、身に付けることはできません。

「与えられたものを暗記する」という形の受動的な姿勢では、外から「考えろ」と100回言われたところで何も進展はないのです。

逆に知識の習得ならば、どんなにやる気がなくても同じこと

を100回言われれば少なくとも（単に知っているレベルの）知識としては習得してしまうことでしょう。

この他にも、答えが大事な知識型に対して質問が大事な思考型というように、価値観そのものが大きく違っていることが、図表28-1に示す各項目の比較からも理解してもらえると思います。

### WHY　思考型と知識型とは教育方法がまったく異なる

思考力の育成は純粋に能動的なものであるという、ある意味で「当たり前」なことを肝に銘じておく必要があるのはなぜでしょうか？

それは、例えば企業内の教育方法に関しても、従来支配的であった規則やルール重視の知識型とは根本的に発想を変えなければならないからです。

「言われたことを従順にこなす」オペレーション型の人材育成から「新たな発想で未来を切り開いていく」イノベーション型の人材育成に変えていく必要があるからです。

そのことは、VUCAの時代と言われる現在、多くの企業が問題意識として持っています。

教育システムを思考力重視型に変える必要があるのですが、その第一歩として、そもそもの思考回路を転換しておかなければなりません。

根本的な発想が違うのに、知識型のパラダイムで思考型の教育プログラムを設計してしまっては、効果が半減どころかほとんど出ないことになってしまいます。それにもかかわらず、この違いに気づいている人は意外に少ないように見えます。

図表28-1 | 知識型 vs. 思考型

|  | 知識型教育 ⟷ | 思考型教育 |
|---|---|---|
| 人材は | 育てる（他動詞） | 育つ（自動詞） |
| 指導者とは | 知識量で勝る人 | 考えさせる人 |
| 教えるとは | 詰め込む（Push） | 引き出す（Pull） |
| よき指導者とは | 話し上手 | 聞き上手（質問上手） |
| 受け側の姿勢は | 受動的でもよい | 能動的でなければ意味なし |
| 学ぶとは | 覚える | 考える |
| トレーニングの「おみやげ」は | 分厚い資料 | 思考回路の転換（その場の経験） |
| 機械の代替は | 容易 | 困難 |
| 質問とは | 愚かものがすること | すべての始まり |
| 評価尺度は | 一つ | 複数 |
| 目的は | 底を上げる | 尖らせる |

　知識型と思考型の教育方法を比較して図表28-1に示します。
　そもそも「能動性」と深く関わり、能動性が基本中の基本である「考える」という行為は、「自動詞」で育つことはあっても「他動詞」で「育てられる」ことはあり得ないと言ってよいでしょう。
　これは外からの教育が不要だと言っているのではなく、あくまでも本人の学ぶ姿勢をサポートするものであるということを、教育する側の肝に銘じておくべきだということです。それが図表28-1で挙げている他の項目とも密接に関わっています。

　与えられた問題を解決することに圧倒的な強みがあるAI（人工知能）が身の回りに溢れ始めた時代、人間の能動性はますます重要になっていくでしょう。

### HOW 「知識型教育」の従来の常識を覆す

このように、思考力を伸ばすための教育方法は対象者が受動的でもある程度の成果を上げられる知識型の教育とは、根本的に発想が異なります。そのため、具体的な実施に関してもある意味で正反対の考え方をする必要があります。ここにビジネスや教育の現場において思考型教育を導入することの阻害要因があります。

知識型と思考型では図表28-2のイメージ図のような根本的な考え方の違いがあるので、基本的なスタンスも以下のように異なります。

一言で表現すれば、教える側と教わる側の知識差を利用して「教える」のが知識型教育です。それに対して、教える側が教わる側の思考回路を刺激して「考えさせる」のが思考型教育です。

教育スタイルを従来の知識や規則重視から思考力重視にするためには、これまでに浸透している以下のような「常識」を覆して考える必要があります。

・全員に一律に教育を実施する
・重要なものは選択式ではなく必修とする
・効果を限られた定量的な指標で測定する
・勉強することに「好き嫌い」を持ってはいけない

すなわち、全員一律でなくていい、必修ではなく選択式でいい、効果を定量的な指標で測る必要はない、勉強することに

| 図表28-2 | 思考型教育と知識型教育（イメージ）

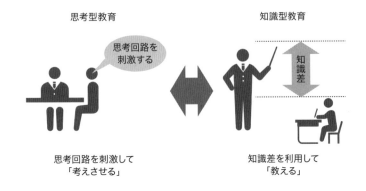

「好き嫌い」があってもいい……という教育スタイルへの転換です。

最後になりますが、能動性と表裏一体で、思考力と切っても切れない関係にあるのが、何事に対しても「自責」であるという姿勢です。

受動的な姿勢は「被害者意識」を生みます。自分の環境や解決すべき問題が「与えられたものである」という認識を持っている人は、物事のすべてが「環境や他人のせい」であると考えがちです。それが被害者意識につながると同時に思考停止に陥ることにもなります（環境や他人をコントロールすることはできないので）。

それに対して、能動的な姿勢は常に自責とセットであり、「自分なら何ができるか？」という問いを発することになります。それが能動的な考える姿勢へとつながっていくのです。

【理解度確認問題】

次のうち、思考力を育成する上であまり適当でない項目はどれでしょう？（複数回答可）

1. 全員に一律の教育を強制的に施す
2. 教育する側は知識量で絶対的に優位な存在である必要がある
3. 育成効果を明確に示す指標を一つ定めてそれを最適化できるような策を実施する
4. 教える側から教わる側への一方通行でなく対話式に行う

# キーワード 29 常識の打破

## 「常識に従う」ことで
## 思考停止に陥ってはいけない

**WHAT** 「常識に従う」ことは思考停止につながる

　数十年前の日本では、「水と安全はタダ」という言葉が当然のように言われていました。

　ところが有料のミネラルウォーターが普及し、「水はタダ」が常識ではなくなりました。同様に「安全はタダ」という常識も（残念ながら）崩れて、ホームセキュリティやサイバーセキュリティのサービスなどの市場が成長しています。

　皆が当たり前と思っている「常識」が簡単に常識でなくなることをこの「水」と「安全」という2つの「商品」は示しています。

　「業界の常識」も同様で、「この商品は○月には売れない」とか、「関西は関東よりも△△だ」とかいう業界の中だけの常識など、あっという間に覆されることがあるのです。

常識とは、普通の人が共通に持つ、あるいは持つべき知識や判断力、思慮分別と言えるでしょう。

　思考とは「自分の頭で考える」ことであり、その逆の行動パターンの一つが「常識で判断する」ことです。「常識に従う」とは、他の人と同じように考え、判断するということなので、思考停止にもつながります。

　子どもから大人になるときの知的な成長の目標の一つが「常識を身に付ける」ことだったはずですが、いざそれを身に付けると（次の新しい発想を阻害するという点で）思考停止を招く可能性があるというのはなんとも皮肉なことです。

　特に環境変化によって、それまでの延長では考えられない不連続な変化を起こす必要がある場合には、常識を捨てて白紙から「新しい常識」を再度作り直さなければなりません。

　そんなときによくビジネスの現場で聞かれるのが「常識を打破せよ」とか「既成概念にとらわれるな」という言葉です。会社では経営者から管理職へ、上司から部下へとよくかけられる言葉ですが、実はこの言葉、ほとんど効き目がありません。

　つまり「常識を打破しろ」と言われて本当に常識を打破できる人はいないし、「既成概念にとらわれるな」と言われてそこから抜け出せる人はいないのです。

**WHY** 　常識に「とらわれていることに気づいていない」から

　その最も大きな理由は、常識や既成概念にとらわれている

（ように見える）人は、「とらわれていることに気づいていない」からです。別の言い方をすると、「常識にとらわれている」状態は、そこから抜け出してから初めてわかる状態であって、そこにどっぷり浸かっている人にはその状態が見えないのです。

むしろ常識にとらわれている人が「外から見て」そうわかる瞬間というのは、突飛なアイデアを聞いて「非常識だ！」と「怒り出す」ときです。

だから「常識を打破する」ためには、いちいち具体的に指摘しなければ、「気づいていない人が気づく」状態には決してなりません。

### HOW 「レストランの常識」を打破してみる

例を挙げましょう。日常生活において「何が有料で何が無料なのか？」も、「常識」や「既成概念」として私たちがとらわれてしまっているものです。

例えばレストランで食事をすることを考えます。大半の人は、突然「レストランの食事に関する常識を打破しろ！」と言われてもピンと来ないのではないでしょうか？

ここでは、「当たり前だ」と見えるものも含めてレストランで食事をするときの行為、状況をピックアップし、またそれらが「有料なのか無料なのか」という観点で列挙してみます（そもそも常識を見つけるのが難しいのは、それが当たり前だと思っているからなので、あえてそれを挙げてみることが重要です）。

- 入店する（無料）
- 席まで案内してもらう（無料）
- 席に座る（通常は無料）
- カトラリーやナプキンが置かれている（無料）
- 水やおしぼりが出てくる（無料）
- ウェイター・ウェイトレスを呼ぶ（無料）
- 料理を待つ（無料）
- 会話する（無料）
- 料理が運ばれる（無料）
- 料理が並ぶ（料理は有料）
- 料理を食べる（食べるという行為自体は無料）
- トイレに行く（無料）
- 会計する（その行為自体は無料）
- 退店する（無料）

　実は、レストランでの何気ない行為や状況が「有料か、無料か」だけでもこれだけの「暗黙の常識」があります。基本は「料理そのものが有料でその他はすべて無料」というのが「常識」と呼べるかと思います。

　「常識を打破する」とは、これらを「ひっくり返してみる」ということです。「そんなことあり得ないでしょ？」と反応したくなることこそが最も重要な「常識の打破」になるのです。

　例えば「入店を有料にする」というのはどうでしょうか？
　おそらく「常識的な人」ほど「できない理由」をたくさん挙げてきます。
　しかし考えてみれば、「バイキングレストラン」や「食べ放

題」とは実質上「入店有料で食べ物は無料」としているのと同じであることは少し考えればわかります。

　テーマパークや動物園のように「入園有料であとは無料」というお金の取り方をしているところもありますから、少なくとも十分に「検討に値する」ことと言えます。

　さらに別の見方をすれば、「何でお金を取っているか？」はあくまでも便宜上の話であり、「うちの店は料理はすべて無料ですが、店員の笑顔が有料です」という課金の仕方だって、できないわけではないのです。

　常識とは崩れてしまうとむしろ「なぜ昔は気づかなかったんだろう」ということが多々あります。30～40年前の日本で、「水と安全はタダ」という常識にとらわれていた飲料メーカーの幹部がいたとしたら、ミネラルウォーターへの市場参入で後れをとっていたでしょう。

　「常識を打破する」よりも「何が常識なのか」を改めて考えてみることのほうが難易度がはるかに高いのです。そこで必要になるのが後述する「メタ認知」の考え方で「常識にとらわれている自分を客観的に見る」ことです。

　そのためには、例えばここで挙げたような「改めて当たり前だと思っていることを列挙してみる」ことです。

　そこでさらに、それらの常識に、キーワード6の「なぜ？」をぶつけてみることで、次にやるべきことが見えてきます。

【理解度確認問題】

常識を打破するための気づきを得させるためにより有効なのは以下のどちらでしょう？

A：「常識にとらわれるな」と注意を与える

B：「非常識だ」と怒っている瞬間に「その常識、本当に絶対的なものですか？」と問いを与える

【応用問題】

1. 値段は「朝昼晩とも同じ」という常識を打破してみましょう。惣菜のタイムセールやランチセットの割引など、食べ物関連ではよくありますが、別の商品でそれができないか、またそれが実現すると顧客側と提供者側でどんなメリットがあるかを考えてみましょう。
2. 日常生活の常識を値段以外のものについてここで挙げた手法（いちいち当たり前のことをピックアップして変えてみる）を使って考えてみましょう。

   例えば、旅行の経験を一般化して、そのプロセスを列挙し、そこに潜む「当たり前」を挙げてみましょう。

# キーワード 30 「疑う」こと

## 「信じてはいけない」
（この本に書いてあることも）

**WHAT** 自分の頭で考えるとは「疑う」こと

無知の知を認識した後に意識すべきことは、周りのすべてを疑ってかかることです。「自分の頭で考える」とは、すべてを「疑う」ことでもあります。

逆に言えば、ありとあらゆるものを「信じてはいけない」ということです。「信じる」ことは思考停止を意味するからです。信じるとは無条件に他者に従うことになります。他人を信じれば自分の頭で考える必要はありません。本やネットに書いてあることを信じるならば、自分の意見を持つ必要はないでしょう。

◎何であれ、すぐには信じない

世の中、「疑わない人」の方が圧倒的多数です。

「上司に言われたからこの会議に来ました」

「医者の〇〇先生が体に良いって言うのでこれを食べていま

す」

「この前テレビで専門家があれは危険だって言っていました」

こういうものの言い方をする人はたくさんいるでしょう。

かなり疑い深い人でも、自分の馴染みのない分野であったり、「すぐに答えがほしい」ことであれば、このように権威を信じてしまうことは多かれ少なかれあるはずです。

「自分の頭で考える」とは、このような発想を捨てて(嘘でもいいから)「自分はどう考えるのか?」とまずは「すぐには信じない」という姿勢を貫くことです。

何を信じないのかと言えば、先の例にもあったようなことです。

・「権威ある専門家」の言うこと
・上司や先輩の言うこと
・顧客の要望
・業界の常識
・メディアで流れている情報
・「現場」の意見

### WHY　他人の言いなりでは思考が深まらない

自分の意見を持つためには、何かの主張に加えてその根拠が必要になります。その根拠こそ自分の頭で考える必要があります。以下は決して根拠にはなりません。

・○○さんが言っていたから
・皆がそう言っているから

・お客様にそう言われたから
・この業界の常識だから

　このようなものが「信じる理由」になりそうなときは、もう一歩突っ込んで「なぜそう言えるのか？」と自問自答することです。
　考えるとは、何かの結論や主張に「自分なりの見解」を付け加えることなのです。

## ◎デカルトが説く「我思う。故に我あり」
　「疑う」ことで思い出される「思考の巨人」が哲学者及び数学者として17世紀に活躍したフランス生まれのルネ・デカルト（1596～1650年）です。
　彼の思想の根本にあるのがこの「疑う」ということでした。彼は、すべてのものを疑うことで、決してそれ以上疑うことができないものが「疑っている自分の存在」である、ということまでたどり着きました。そこから生まれた有名な言葉が「我思う。故に我あり」です。
　ここまでやるのは極端ですが、深い思考をする上では簡単に物事を信じないという姿勢が重要であることは強調しすぎることはないでしょう。

　ここまで読んだ読者の皆さんは、「そんなことしたら嫌われてしまう」あるいは「それでは周囲の人とうまくやっていけない」と思ったかもしれません。
　まったくそのとおりです。「考える」ことは時に周りを全否定するということであり、疑うとはそういうことなのです。

皆さんにはその覚悟があるでしょうか？　他人の言いなりであれば、失敗した時の責任も転嫁できるし、反論されても「自分の考えではないから」と気持ちも楽になります。ところがそれでは何の進歩もありません。

自ら考えることはリスクを負うことであり、他人と違う意見を持つことは時には孤独になることは知っておく必要があるでしょう。

そのデメリットを考慮しても「自分の頭で考える」ことのメリットは大きいと言えるでしょう。

### HOW　ビジネスの現場で疑うべきこと

ここでビジネスの現場で容易に信じてしまいそうだが、実は疑ってかかるべきことについて、例を挙げて考えていきましょう。

例1：顧客の要望を疑ってかかる

T型フォードを普及させて自動車産業の礎を築いたヘンリー・フォードの有名な言葉に「もし顧客に何がほしいのか尋ねたら、『もっと速い馬がほしい』と答えただろう」があります。

ビジネスにおいては顧客ニーズがすべての原点であることは言うまでもありませんが、顧客は必ずしもそれを口に出して表現できるわけではないのです。「文字どおりの言葉」を信じることは必ずしも問題解決の最適な方法とは言えません。

同様に「御社の値段が高かったので今回は他社さんに決めさせていただきました」とか、「うちの業務は特殊なので、それ

はできません」とかも「疑う余地満載」です。

　顧客接点でのやり取りは「疑うことで思考を働かせてさらに仕事の付加価値を上げる」ためのチャンスが満載です。

例2：「現場の意見」を疑ってかかる
　ビジネスにおいては現場から事実を集め、現場で実際に経験している人の意見を聞くことが重要なのは犯罪捜査と同じです。事件と同様にすべてのビジネスも「現場」で起こっているので、机上で考えているだけでは適切な施策が打てないのは言うまでもありません。

　ただしここでも「現場の意見をそのまま聞く」ことは必ずしも良い結果にはつながりません。

　現場の意見は良くも悪くも「現在起こっていること」に引きずられがちなので、「いま売れているもの」や「実際に過去に起こったトラブル」などが中心となります。

　しかし、将来のアクションを考える上では「いま売れているもの」をそのまま真似したところで二番煎じでは実は「同じように見えてまったく異なるもの」になりかねないのは前述のとおりです。

　また「現場の意見ならではの疑ってかかるべきポイント」として、「現場の意見」として一人の担当者の意見が採用されがちですが、それは数多くいる現場の人の意見の一つでしかないことがあります。

　さらに、そうは言っても現場を経験していない人には反論しにくい（「現場知らないでしょ？」の一言で跳ね返されるから）ことが挙げられます。

　ここでも「現場の意見」は重要視してもそれを鵜呑みにする

ことは危険であることがわかるでしょう。

【理解度確認問題】

次のうち「疑う」の観点から望ましくないのはどれでしょう？
1. メディアの情報は常に複数の情報源を使って検証する
2. 本書に書いてあることもそのままではなく自分なりに納得できる形にしてから実行に移す
3. 絶対的な師匠やメンターを見つけ、すべてその人に従う

【応用問題】

以下の「当たり前」と思えることを疑ってかかってみてください。本当にそうでしょうか？ もしそれが前提とならない世界を考えたらどんなことが起きるか想像してみてください。
・一日は24時間である。
・売上数量を増やすには値段は安ければ安いほどよい。
・ルールを守らないのは「悪い人」である。
そして最後に…
・いま本書で主張している「考えるためにはすべてを疑ってかかれ」というこのメッセージすら疑ってかかってみてください（どういう場面では「疑わない方が幸せ」なのかも考えてみてください）。

とにかく、すべてを鵜呑みにせずに自分の意見を持つこと、これが考えるための基本中の基本です。

キーワード
# 31 認知バイアス

# 人間の目は曇っている

### WHAT 「思考の癖」の正体

「思考の癖」というのは心理学の世界で認知バイアスと言われているものです。

人は皆物事を見るのに必ず何らかの偏った見方をしています。無意識のうちに「眼鏡をかけている」ことに気づかず、しかもその眼鏡は曇っていたり、特定の色しか見えなかったり、歪んで見えたりしています。

「ありのままの真実」とはほど遠く、また眼鏡によって人それぞれ見え方は大きく異なっているにもかかわらず、誰にも同じように見えていると錯覚しているため、そのことが、思考の前提となる物事の観察において大きな障害となるのです。

もちろんこれは（まさに眼鏡と同様に）プラスに働く場合もあります。ベテランや経験を積んだ人の直観は、まさに混沌とした状態から特定のものだけを見抜く「見識眼」の賜物です。

問題はこのようにプラスに働く場合とマイナスに働く場合の関係が、文字どおり「諸刃の剣」であることです。良かれと思う直観の発揮がネガティブに働く場合の弊害も大きいため、このようなバイアスの存在を意識しておくことが重要なのです。


### WHY　自分に都合の良いものだけを見たい

認知バイアスとして、さまざまなものが知られています。ビジネスに関係が深いものを例としていくつか紹介しましょう。どのような場面で、どうして認知バイアスにとらわれてしまいがちなのか、読者の皆さんも思い当たる節があるのではないでしょうか。


◎アンカリングバイアス

アンカーというのは船の錨を意味します。一度何かの印象が定着してしまうと、そこを起点にして考えてしまうというバイアスです。

例えば「価格」に対する人間心理は「一度設定された価格」を中心にして「高い」「安い」と感じることがほとんどです。アンカリングの対象は「前回」や「競合」の価格等のように具体化された先例です。

このことを頭に入れておくと、例えば価格交渉の場面で役立たせることができます。最初に高い値段を提示してそこから「値下げ」すると、必要以上にそれを「安い」と感じさせることができます。

また、一度ある価格で実績を作ってしまうと、そこから変えることは難しくなりますから、「初回の価格」は慎重に決定す

る必要があります。

「まずやってみよう」ということで始めるプロトタイプに関しても、こと価格設定に関しては、その後起きることはほぼ予想できるので、そこだけは考慮に入れておくことは重要です。

例えば、中途半端な値下げをすると、ずっとその価格で売り続けることが多くなる羽目に陥ることがよくある一方で、あり得ないほどのディスカウントをしてしまったほうが（相手もそれを特例だと理解しているので）正常の価格に戻しやすくなるといったことです。

もちろんアンカリングは価格以外の「前例」一般にも適用されますから、良くも悪くも「前例を作る」ことの意義も事前に考慮しておくことは重要です。

## ◎生存者バイアス

「生き残った人」のほうが「脱落した人」よりも大きな割合で見えてしまうバイアスです。例えばネット等で取り上げられたり発信したりする起業家は基本的に「生き残った人」ですから、そこでの発言には多かれ少なかれ生存者バイアスが含まれることになります。

これを個人レベルで見ると、「夢は叶う」とか「努力は必ず報われる」というメッセージも相当なバイアスのかかった意見と言えます。世の中の発信者は基本的に「成功した人」であり、「インタビューされる人」はほとんど「報われた側」に偏っているからです。

ビジネスの世界のみならず、「健康論」にも同様のバイアスが見られます。健康な人や長生きした人の「成功要因」はバイアスがかかっていることが多く、また「必要条件と十分条件の

混同」(あることはうまくいくための条件の一つにすぎないのに、それをやれば必ずうまくいくと思い込む)が見られるために、成功体験の再現性(それをやれば誰でもうまくいくか?)には十分注意が必要です。

◎確証バイアス

「成功論」に関して考慮しておくべきもう一つのバイアスが確証バイアスです。

これは「自分に都合の良いものや価値観に合うものしか見えなくなってしまう」いわば「都合の良いものだけを見る」というバイアスです。

成功者は過去を思い出すときに自分に都合の良いことだけを(たいていの場合、無意識のうちに)選択するために、偶然うまくいったことをあたかも必然のように考えてしまったり、ランダムに起こっていた事象をあたかも最後の結果に向けて計画的に起こっていたかのように語ってしまいます。

人は成功したときには「それが必然である」と思いたがり、失敗したときには「運が悪かった」と思いたがる傾向があります(これも個人によく見られる典型的なバイアスです)。

したがって、うまくいったときには「必然」のものを選択的に思い出し、失敗したときには「偶然」や運、あるいは他人のふるまいに原因を求めがちなのも、このような確証バイアスのなせる業です。

### HOW　認知バイアスが一般化していく「サイクル」

このような認知バイアスは、さまざまな場面で常に繰り返し

| 図表31-1 | ハイプ・サイクル（イメージ）

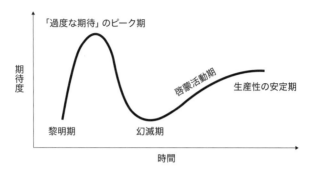

出所：ガートナーHP

起きるために、世の中の現象が同じような歴史をたどっていきます。

　例えば新しい技術に対しての人々の期待と失望が同じように起きることを示しているのが、毎年ガートナー社がいろいろな技術の成熟度についてまとめて発表している「ハイプ・サイクル」と呼ばれるものです（図表31-1）。

　要は、新しい技術は、登場した時には実態以上によく見えるために過剰な期待値を持って取り上げられて、「〇〇ですべてが解決する」といった説が流布していきます。その反動から、しばらく時間が経つと今度は人々が必要以上に失望して、「やっぱり使えない」「〇〇の二の舞いだ」という意見が噴出します。

　そこからが「本当の勝負」になって、地味な活動の積み重ねによって本当の意味での浸透のフェーズに入っていきます。例えば「IT」「マルチメディア」といったものがそうです。

考えてみれば、これは人間心理の根本的な普遍性から来ているが故に、技術の世界だけでなく、政治家や芸能人の取り上げられ方もほとんど同じような道をたどっていきます。

　必要以上に礼賛された後にスキャンダル等に巻き込まれてその評判が一度「地に落ちて」、そこから地道に這い上がった人たちが本当の意味で世界を形成していく。その過程はほぼハイプ・サイクルの軌跡と同じと言ってもよいでしょう。

【理解度確認問題】

　次に示す言動は（A）アンカリングバイアス（B）生存者バイアス（C）確証バイアスのどの例でしょうか？
・「努力は絶対に裏切らない」
・「最初に思い切りふっかけられたから、10万円がむしろ安く思えたよ」
・「ちょうど引っ越すって決めた日からやたらに不動産広告が増えた気がする」

【応用問題】

　身の回りで起こった、あるいは起きている「ハイプ・サイクル」について考えてみましょう。

　技術、ファッション等のトレンド、キーワード、有名人等がどのような軌跡をたどっているかを当てはめてみるとともに、それらが今後どのような将来を迎えそうかを予測してみましょう。

## キーワード 32 メタ認知

# 気づくためには上から自分を見る

**WHAT** 自分を客観視できるか？

これまで述べてきたような思い込みやバイアスは本当に厄介です。それは、私たちが思い込みやバイアスにとらわれていることに気づかない（あるいはそれを指摘されても認めない）ことが最大の課題だからです。

では、どうすればよいのか？

そのきっかけとなるのが「メタ認知」です。

メタ（meta-）とは、「高次な〜」「超〜」などを意味するギリシア語から由来する接頭語です。

メタ認知とは、認知を認知する、つまり自分を客観視することです。自分の思考や行動そのものを客観的に把握し、認識することです。自分自身の思考や行動を上から見るイメージです。思考回路を起動するための基本中の基本です。

| 図表32-1 | 気づきのメカニズム

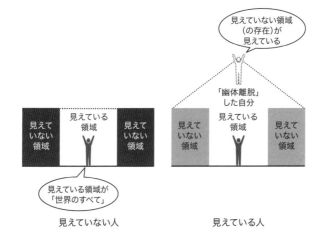

言い換えれば、メタ認知ができている状態とは、自分自身がとらわれがちな思い込みやバイアスから脱していることを意味します。

図表32-1に示すように、「幽体離脱」して自分自身を上から見る、自分自身を他人を見るのと同様に見ることができる視点になっているということです。

「幽体離脱」して、自分自身を上から見ることで、見えていない領域(の存在)が見えるようになるのです。

言い換えると、それが気づきのメカニズムでもあります。

## WHY 「自分は○○ができていない」という自覚こそが大事

「忘れ物ないですか?」と言われて気づく人はあまりいませ

ん。それは、その人が「忘れ物をしていることにすら気づいていない」状態だからです。

「論理的に話せ」と言われて論理的になれる人はいません。それは「自分が論理的でない」という状態がその人には客観視できていないからです。

これはまさに思い込みやバイアスにも、そして「常識の打破」にもそのまま当てはまります。

ビジネスの世界ならば、メタ認知ができるかどうかで、「仕事ができる人」と「仕事ができない人」に分かれます。メタ認知ができることが重要である理由もそこにあります。

「仕事ができる人」は「自分は何ができていないのか？」を客観視しているために、次々に自らがやるべきことを見つけて成長していきます。

一方、「仕事ができない人」はいつまでたっても進歩がありません。それはまさに「何がどうできていないか」がわからないからです。

「仕事ができない人」に何か課題を指摘すると「わかっているんですが……」という言葉が返ってくるでしょう。その言葉こそがまさに「わかっていない」ことを証明しているのです。

## HOW　扉は内側からしか開かない

メタ認知は、「気づき」と同義と言えますが、ここで気づきへのヒントを挙げておきましょう。

大前提として、「気づく」は自動詞であって、「気づかせる」という他動詞は存在し得ない（自己矛盾だから）ということが

| 図表32-2 | 「気づきの扉」は内側からしか開かない

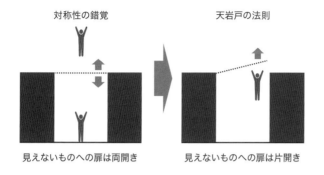

あります。

　当然、その人が「気づくためのきっかけを作る」ことは、周囲にもできますが、図表32-2でいう「気づきの扉」は、その人の内側からしか開かない（天照大神の「天岩戸」の逸話のように）のです。

　気づいてしまった人にとっては、気づいていない人が歯がゆくてたまらずに「気づかせたくて、気づかせたくてたまらない」状態になります。

　ところが、この状態、当の気づいていない人にとっては「うっとうしい」以外の何ものでもないのです。

　この「気づいていない人」と「気づいた人」の構図を比較で示したものが、図表32-3です。

　上司と部下、部下と上司、あるいは同僚同士の間など、職場でもよくあるこの対立構図、気づきに関して、「気づいている人」と「気づいていない人」の間の典型的なスタンスの違いを表しています。

## 図表32-3 気づいていない人 vs. 気づいた人

| 気づいていない人 | 気づいた人 |
| --- | --- |
| ・別に困っていない<br>・大きなお世話<br>・「偉そうに」 | ・歯がゆい<br>・気づかせたい<br>・「上から目線」 |

　この構図が、気づいていない人が気づきに至る、つまりメタ認知のきっかけをつかむためのヒントを与えてくれます。つまり、「気づいていない人」から「気づいた人」を見ると、「訳のわからない、非常識かつ不快なことを言っている人」にしか見えないので、そのような経験をしたときに相手を否定するのではなく、「おかしいのは自分のほうで、何か見えていないことがあるのではないか」と考えてみることです。

　これがメタ認知を促します。

　「メタ認知」の状態とは天照大神が扉を「自ら少し開けた」状態です。こうなればあとはさまざまな環境によって扉はあっという間に「全開」へと向かっていくことになるでしょう。

### 【理解度確認問題】

メタ認知をすることのメリットはどちらでしょうか？

1．（A）知識が増える
　　（B）「何を知らないか？」が明らかになる

2．（A）スキルが上がる
　　（B）自分のスキルのどこが強みでどこが弱みかがわかる

【応用問題】

「本質をつかめ」と言われてつかめた人はいるでしょうか？

これはなぜ難しいのでしょうか？

本項の「メタ認知」の観点からその理由を考えてください。

ヒント：そもそも「本質」という言葉そのものが「話し手にとって重要だが相手が理解していないこと」に都合よく用いられることもこの原因の一つですが、そのこととも併せて考えてみてください。

# Chapter 5 「無知の知」からすべては始まる

### キーワード 26　無知の知
「自分は何も知らない」という自覚があればこそ、新しいことを学ぼうという知的好奇心を持つことになり、思考回路が起動します。

### キーワード 27　知的好奇心
自ら能動的に考えることの源泉となるのが知的好奇心です。大人になっても「Why型」の好奇心を持ち続けることが大切です。

### キーワード 28　能動性
知識の習得は受動的な姿勢でもある程度は可能なのに対して、思考力は「自ら考える」という能動的な姿勢でないと身に付きません。

### キーワード 29　常識の打破
「常識的に振る舞う」ことは、思考停止にもつながります。「そんなことあり得ない」ということこそが「常識の打破」になります。

### キーワード 30　「疑う」こと
「自分の頭で考える」とは、すべてを「疑う」ことです。何であれ「信じてはいけない」。「信じる」とは思考停止を意味するからです。

### キーワード 31　認知バイアス
人は皆、物事を見るのに必ず何らかの偏った見方をしています。「思考の癖」である「認知バイアス」の存在を意識しておくことが重要です。

### キーワード 32　メタ認知
「幽体離脱」して自分自身を上から見る、他人を見るのと同様に見る視点になっているか。それが「気づき」のメカニズムでもあります。

# おわりに

　思考のキーワード集、いかがでしたでしょうか？

　本書は、筆者がこれまでに著した思考力に関する10冊以上になる著作のサマリーとも言うことができます。

　「これまでの著作にすべて関わる」という一貫性がある一方で、「単なる知識を提供するより、読者が考えるためのヒントを提供する」という、これまでのスタンスとは一見真っ向から対立するようでもあります。「考えるために必要な知識を習得する」という、ある意味で自己矛盾とも言える、別の方向性への初の試みです。

　そのような本書が、これまでの著作の読者の頭を整理するための助けとなるとともに、思考（力）を学ぶ新しい読者に新たな道を切り開いてもらうことも想定しました。

　「はじめに」でも述べたように、本書を読むことは、あくまでも思考の世界の入口に入るための準備でしかありません。中の世界を少しでものぞいてみようと思ってみた方は、「いますぐに」その世界に足を踏み入れてみてください。

　思考の世界に入るには（本当は）教材も学校も師匠も一切必要ありません。常に好奇心を持って世の中の常識やルールを疑ってかかり、「自分ならどうするか？」と考える、これを日々繰り返し実践することでのみ思考の世界は広がっていきます。

　「いま読んでいるネットの記事」「昨日来た上司やお客様からの依頼」「いま抱えている対人関係のストレス」……これらす

べてが考えることの材料です。

　そのように日常生活で思考回路を起動させることで、一人でも多くの読者にその世界の楽しみ（や苦しみ）を味わってもらえることを祈っています。

　終わりになりますが、本書の出版に際して、企画から編集、仕上げまで東洋経済新報社の藤安美奈子さんにお世話になりました。2007年に刊行した初の著作である『地頭力を鍛える──問題解決に活かす「フェルミ推定」』以来、『アナロジー思考──「構造」と「関係性」を見抜く』『問題解決のジレンマ──イグノランスマネジメント：無知の力』と常にチャレンジングなテーマに挑戦してきました。

　今回は（編集が大きく影響する）キーワード集という本書の性格から、また（いつもどおり）執筆が滞る中、これまで以上にサポートしていただきましたことにお礼を申し上げます。

> **本書のベースとなった書籍**

　本書は、これまで著者が自著の中で述べてきた内容から、「入門編」として押さえるべきキーワードを抜粋して、補足の説明や練習問題を追加しています。

　「はじめに」で述べたように、本当の思考力のトレーニングは「本書を読んでから」になります。本書で興味を持ったところやさらに学習してみたい分野については、以下の既刊本を参考にしてください（本書の位置付けから、ここで取り上げるのは、すべて筆者執筆によるものです）。

● 「地頭力」全体に関わる本

『地頭力を鍛える──問題解決に活かす「フェルミ推定」』（東洋経済新報社、2007年）

　「地頭力」に関しての基本的な定義や構成要素、フェルミ推定との関連を包括的に詳述しています。本書を読み終えた読者に最終的にカバーしてほしい領域の全体を示しています。

『いま、すぐはじめる地頭力』（だいわ文庫、2011年）

　「考えること」を主業務とするビジネスプロフェッショナル向けだった『地頭力を鍛える』をより一般向けにした書籍。ビジネスの場面のみならず、日常生活においても「結論から」「全体から」「単純に」の考え方が使えるイメージをつかむのに最適です。

『まんがでわかる　地頭力を鍛える』（星井博文（まんが原作）、汐田まくら（作画）、東洋経済新報社、2017年）

　『地頭力を鍛える』の内容を実際のビジネスの現場に応用してストーリー仕立てで解説しています。本書で紹介した内容を実際のビジネスでどのように当てはめて活用していけばよいのか、そのイメージをつかみたい人向けです。

『ロジカルシンキングを鍛える』(KADOKAWA、2015年)

　本書におけるロジカルシンキング関連(「ロジックツリー」や「演繹と帰納」を含む)の記述のベースとなっている書籍です。本書と重なる内容も多いですが、より「守り」の観点から思考力についてもう一度整理して学びたい読者に向いています。

『仕事に生かす地頭力──問題解決ピラミッドと9つのレッスン』(ちくま文庫、2015年)

　コンサルティングや顧客提案をする営業やSEのような、顧客接点を中心とした問題解決が重要な人、あるいは上司からの仕事の依頼に応える仕事を日々こなしている若手社員向けの内容です。具体的な仕事の依頼に対してどのように思考力を発揮すべきかを、Why／What／Howのピラミッドという方法論を使って会話＆ストーリー仕立てで解説しています。

●各キーワードをより深く学ぶための本

『具体と抽象──世界が変わって見える知性のしくみ』(dZERO、2014年)

　文字どおり、「具体と抽象」について身の回りの事例を基に一つのテーマで徹底的に論じています。一見、哲学書のようなタイトルで、実際に述べている内容も「身の回りの哲学」にはなりますが、四コマまんがと極力シンプルにした記述で「抽象概念を具体的に解説した」本です。

『アナロジー思考──「構造」と「関係性」を見抜く』(東洋経済新報社、2011年)

　アナロジー思考について、その基本概念や原理を、アカデミックな背景やビジネスへの応用などの具体例を用いて包括的に示した書籍です。抽象化やアナロジーを学ぶために『具体と抽象』や『メタ思考トレーニング』と併読すると相乗効果が得られます。

『「Why型思考」が仕事を変える──鋭いアウトプットを出せる人の「頭の使い方」』(PHPビジネス新書、2010年)

　「なぜ？」を実際のビジネスの現場でどのように活かすのか。「なぜ？」の活用だけで仕事が大きく変わる、そのイメージを具体的に描くための書籍です。

## 『メタ思考トレーニング――発想力が飛躍的にアップする34問』(PHPビジネス新書、2016年)

メタ認知と抽象化を併せた概念であるメタ思考を解説するとともに、メタ思考を実践する2つの具体的な思考法であるアナロジー思考とWhy型思考を34問の演習を通じて習得するためのトレーニング本です。メタ認知や抽象化という抽象度の高い概念がビジネスでの応用にどうつながるかのイメージをつかむことができます。

## 『問題解決のジレンマ――イグノランスマネジメント:無知の力』(東洋経済新報社、2015年)

「問題発見と問題解決」の二項対立を徹底的に論じた書籍です。抽象度は高いですが、それだけ根源的なメカニズムを解明していて、汎用性が高い内容となっています。

## 『アリさんとキリギリス――持たない・非計画・従わない時代』(さくら舎、2016年)

「問題解決型の思考回路」(アリ)と「問題発見型の思考回路」(キリギリス)との思考回路はどう違うのか。その違いが生み出すさまざまなコミュニケーションギャップや日常生活における軋轢などの対立構造を2つのキャラクターの特徴の違いを際立たせることによって描いています。

## 『「無理」の構造――この世の理不尽さを可視化する』(dZERO、2016年)

すべての人が持つ認知バイアスを「心理的非対称性」という観点からとらえて、そこから生じる日常の「理不尽さ」のメカニズムを抽象化して解説しています。

## 『自己矛盾劇場――「知ってる・見えてる・正しいつもり」を考察する』(dZERO、2018年)

認知バイアスとそれを克服するためのメタ認知に関して、「言っていることとやっていることが違う」などの自己矛盾という観点からの気づきを促すための書籍です。

【著者紹介】
**細谷 功**（ほそや いさお）
ビジネスコンサルタント、著述家
1964年、神奈川県生まれ。東京大学工学部卒業後、東芝を経てアーンスト&ヤング・コンサルティング（クニエの前身）に入社。2009年よりクニエのマネージングディレクター、2012年より同社コンサルティングフェローとなる。問題解決や思考に関する講演やセミナーを国内外の大学や企業などに対して実施している。
著書に『地頭力を鍛える 問題解決に活かす「フェルミ推定」』『まんがでわかる 地頭力を鍛える』（共著）、『アナロジー思考 「構造」と「関係性」を見抜く』『問題解決のジレンマ イグノランスマネジメント：無知の力』（以上、東洋経済新報社）、『メタ思考トレーニング 発想力が飛躍的にアップする34問』（PHPビジネス新書）、『考える練習帳』（ダイヤモンド社）、『具体と抽象 世界が変わって見える知性のしくみ』『「無理」の構造 この世の理不尽さを可視化する』『自己矛盾劇場「知ってる・見えてる・正しいつもり」を考察する』（以上、dZERO）などがある。


## 入門『地頭力を鍛える』32のキーワードで学ぶ思考法

2019 年 8 月 8 日発行

著　者──細谷　功
発行者──駒橋憲一
発行所──東洋経済新報社
　　　　〒103-8345　東京都中央区日本橋本石町 1-2-1
　　　　電話＝東洋経済コールセンター　03(5605)7021
　　　　https://toyokeizai.net/
カバーデザイン………遠藤陽一（デザインワークショップジン）
本文デザイン・DTP……アイランドコレクション
印　　刷………………ベクトル印刷
製　　本………………ナショナル製本
編集担当………………藤安美奈子
©2019 Hosoya Isao　　Printed in Japan　　ISBN 978-4-492-55788-4

　本書のコピー、スキャン、デジタル化等の無断複製は、著作権法上での例外である私的利用を除き禁じられています。本書を代行業者等の第三者に依頼してコピー、スキャンやデジタル化することは、たとえ個人や家庭内での利用であっても一切認められておりません。
　落丁・乱丁本はお取替えいたします。